Felix Stieve

# Die Reichsstadt Kaufbeuren und die baierische Restaurationspolitik

Ein Beitrag zur Vorgeschichte des Dreißigjährigen Krieges

Felix Stieve

**Die Reichsstadt Kaufbeuren und die baierische Restaurationspolitik**
*Ein Beitrag zur Vorgeschichte des Dreißigjährigen Krieges*

ISBN/EAN: 9783743301726

Hergestellt in Europa, USA, Kanada, Australien, Japan

Cover: Foto ©ninafisch / pixelio.de

Felix Stieve

**Die Reichsstadt Kaufbeuren und die baierische Restaurationspolitik**

Die

# Reichsstadt Kaufbeuren

und

die baierische Restaurations-Politik.

---

Ein Beitrag

zur Vorgeschichte des dreißigjährigen Krieges

von

Felix Stieve.

---

München, 1870.
Matth. Rieger'sche Universitäts-Buchhandlung.
(Gustav Himmer.)

Der Religionsfriede sollte seinen Worten nach dem deutschen Reiche für ewige Zeiten Ruhe und Eintracht sichern: in der That war es jedoch von vornherein unmöglich, daß er diese seine Bestimmung erfüllte, nicht sowohl deshalb, weil die Unbestimmtheit und Lückenhaftigkeit seiner Satzungen der unerschrockenen Sophistik jener Zeit den weitesten Spielraum bot, als vielmehr, weil er dem noch im Vordringen begriffenen Protestantismus Grenzen zog, welche derselbe bereits thatsächlich überschritten hatte, oder im Laufe der Dinge nothwendig bald überschreiten mußte. Verträge und Gesetze werden nie eine aufstrebende Entwickelung aufhalten oder zurückdrängen; nur überlegene Gewalt oder eine gleich starke, entgegengesetzte Entwickelung vermag dies: an jener aber gebrach es sowohl den Reichsbehörden als den katholischen Ständen, und zu dieser erhob sich der Katholicismus in Deutschland vielfach noch lange nicht. So konnte denn der augsburger Vertrag den Fortschritten der Protestanten kein Ziel setzen, und es mußte das Reich mit zahllosen Streitigkeiten über ihn erfüllt werden.

Unter diesen ist der Kampf, welcher um die Stellung der beiden Bekenntnisse in der Reichsstadt Kaufbeuren geführt wurde, bisher ganz unbeachtet geblieben. Daher glaubte ich, als mir meine Arbeiten für die münchener historische Kommission den Stoff dafür zuführten, eine Darstellung seines Verlaufes versuchen zu sollen, denn, wenn diese Streitigkeiten auch auf die Entwickelung der Dinge im Reich keinen bemerkenswerthen Einfluß geübt haben, so fehlen doch die Beziehungen zu den allgemeinen Verhältnissen nirgends, und nur die Ergründung des Einzelnen kann ja zur lebendigen und wahrheitsgetreuen Auffassung jenes Zeitabschnittes, der trotz seiner nicht geringen Wichtigkeit noch immer im Halbdunkel ruht, den Weg bahnen. Aber nicht bloß diese allgemeinen Rücksichten bestimmten mich, die vorliegende Arbeit zu unternehmen, sondern vor allem die Bedeutung, welche der kaufbeurer Handel für die Geschichte der baierischen Restaurationspolitik und damit für die nächste Vorgeschichte des dreißigjährigen Krieges beansprucht. Die donauwörther Vorgänge erhalten in ihm ein ergänzendes Gegenbild: erst aus der Vergleichung beider Ereignisse wird sich, glaube ich, ein sicheres Urtheil über die ursprüngliche Triebfeder und Methode jener Politik, welche der deutschen Geschichte des siebzehnten Jahrhunderts ihre Farbe und ihren Inhalt gab, gewinnen lassen.

# I.

Kaufbeuren in dem lieblichen Thale der Wertach, das niedere, gegen Süden von den nahen Alpen überragte Hügelwälle einengen, an der östlichen Grenze des Allgäu gelegen, gehörte, da keine bedeutende Land- oder Wasserstraße es berührte, an Wohlhabenheit und Wichtigkeit zu den letzten der zahlreichen Reichsstädte des schwäbischen Kreises. Die Zahl seiner Einwohner schwankte im sechzehnten Jahrhundert zwischen drei und viertausend,[1] deren Haupterwerbszweig neben dem Ackerbau Barchent- und Leinwandweberei bildete. Sein Gebiet betrug etwas über eine Quadratmeile, und zählte elf Weiler und Dörfer, von welch letzteren zwei im Gemeinbesitz mit dem Abte von Kempten waren.

Die Verfassung der Stadt war das ausgesprochenste Zunftregiment.[2] Jährlich versammelten sich an St. Jörgen-Tag die sieben und siebzig „Elfer", die Ausschüsse der sieben Zünfte[3], auf ihren Stuben; jeder Ausschuß erwählte zwei Mitglieder, um seine Abstimmungen den Abgeordneten der anderen Ausschüsse mitzutheilen und mit ihnen das Mehr zu finden; nachdem dann zunächst über die Beibehaltung der städtischen Beamten abgestimmt worden, schlug die Zunft, welche in dem Jahre an der Reihe war, den Bürgermeister, darauf jede einen Zunftmeister, endlich jede der sechs, welche nicht den Vorgang hatten, einen Rathsherren aus ihrem Mittel vor, welche durch die übrigen Ausschüsse bestätigt oder verworfen werden konnten. Die vierzehn Gewählten bildeten den Rath; vierzehn andere ebenfalls von den Zünften Ernannte das „Gericht", welches mit dem Stadtammann die Rechtspflege

---

1) Hörmann gibt in seiner kaufbeurer Chronik die Zahl der Familien für 1545 auf 651, für 1565 auf 824, für 1600 auf 701 an. Hörmanns Chronik liegt auch dem folgenden, soweit nicht andere Quellen angegeben sind, zu Grunde.

2) Es bestand seit 1382; über die frühere Verfassung fehlt jede Andeutung.

3) Diese waren die „der herren von der stuben, so burger genannt werden, der weber, cramer, becken, metzger, schmid und schuchmacher." In der ersten Zunft saßen die ehemaligen „Geschlechter" oder Vollbürger; „von der stuben" hießen sie, weil sie ihre Sitzungen auf der Rathsstube selbst hielten; ein anderes Vorrecht als dieses und das, ihre Stimme zuerst abzugeben, hatten sie nicht bewahrt.

übte, und wie die „Gemeinde", die Gesammtheit der „Elfer",¹) in allen wichtigeren Angelegenheiten vom Rathe befragt werden mußten.

Ueber die kirchlichen Zustände in Kaufbeuren im Anfange des sechzehnten Jahrhunderts finden sich keine Nachrichten. Die Zahl der Geistlichen war auch hier übergroß: außer zwei Pfarreien — der zu St. Martin und der im Spital — zählte die Stadt noch siebzehn Kaplaneien, von welchen zwei der Martinskirche, die übrigen den zahlreichen, gut bestifteten Nebenkirchen und Kapellen, unter denen die Frauenkirche, die Spitalkirche und die alte St. Blasienkapelle die bedeutendsten waren, angehörten. Dagegen war nur ein Kloster, das der Schwestern vom dritten Orden des hl. Franziskus, im Mairhof genannt, vorhanden; das reiche Spital und das Siechenhaus waren wie überall städtische Anstalten und wurden durch weltliche Beamte verwaltet.

Die reformatorische Bewegung rief in Kaufbeuren anfangs nur schwache Regungen hervor, denen der Rath mit Entschiedenheit entgegentrat;²) erst um das Ende des Jahres 1524, als sie auch die Bauernbewegung in jenen Gegenden mehr und mehr beeinflußte, gelangte sie zu Kräften. Mehrere Kapläne, vor allem Jakob Lutzenberger, begannen die neuen Lehren vorzutragen; die Masse der Bürger und, von dem Bürgermeister Blasi Honold geleitet,³) jetzt auch der Rath, zeigten sich denselben geneigt; die kirchlichen Gebräuche wurden vernachlässigt, die dem alten Glauben treu bleibenden Priester beim Gottesdienste und auf offener Gasse verhöhnt, und schon am Dreikönigsfeste des Jahres 1525 kam es in der Martinskirche während der Predigt Lutzenbergers zu einem Auflaufe, welcher den Pfarrer bewog, die Stadt während der Nacht zu verlassen. Am folgenden Morgen zogen die Anhänger Lutzenbergers bewaffnet vor das Stadthaus und forderten den Rath unter Drohungen auf, wie jener oft verlangt habe, ein Religionsgespräch zwischen dem Pfarrer nebst den katholisch-gesinnten Geistlichen und den Verkündern der neuen Lehren, zu veranstalten.⁴) Der Rath willigte gern ein⁵), und das Gespräch fand, obgleich sich ein Theil der katholischen Geistlichen, weil der Bischof von Augsburg alle Religionsgespräche untersagt habe, entfernte, unter dem Vorsitze des Dr. Sebastian Fuchs-

---

1) Wie oft diese wechselten, ist nicht überliefert.
2) Braun, Geschichte der Bischöfe von Augsburg III, 556 und Hörmann.
3) Jörg, Deutschland in der Revolutionsperiode S. 178 Anm. 5.
4) Hans Ruf zu Kfb. an den Stadtschreiber Johannes Ruf. „Mittwoch post trium regum anno 25." K. A. lit. Q. f. 39 ff. und ein Rathsprotokoll, das. Schubl. 31, no. IV.
5) Er hatte bereits im Dezember 1524 durch Honolt bei dem Städtetage zu Ulm angefragt, wie er das Religionswesen handhaben solle, aber die Antwort erhal-

steiner von Fuchsstein zum Calmberg¹) und des Arztes Jvo Strigl am 25. Januar — natürlich mit dem gewünschten Erfolge — statt. Darauf erließ der Rath den Befehl, hinfort nur das reine Wort Gottes zu predigen,²) schritt jedoch, „damit die Stadt von ihren Misgönnern nicht angezeigt werde," nicht zur Abstellung des katholischen Gottesdienstes, sondern verbot nur den Priestern, die Prediger zu schmähen, widrigenfalls sie „nicht guten Platz haben möchten," und versprach wegen etlicher menschlicher Bräuche in der Kirche nach Einholung des Rathes auswärtiger Theologen eine Ordnung zu machen; inzwischen solle jedem frei stehen, Messe und Vigil zu halten oder nicht. Das Gutachten über die kirchlichen Gebräuche wurde bald darauf von Johann Wanner zu Konstanz erbeten, der am 2. März ein von Ambrosius Blaurer verfaßtes, jede übereilte und gewaltsame Aenderung widerrathendes Bedenken überschickte. Dasselbe scheint die Bürgerschaft, welche sich, von dem fortschreitenden Bauernaufruhr erregt, sehr unruhig zeigte, nicht befriedigt zu haben, denn der Rath holte im April noch das Gutachten Augsburgs und Ulms ein; doch riethen auch diese zur Beibehaltung der kirchlichen Gebräuche, und da der Rath überdies vom schwäbischen Bunde, weil er der neuen Lehre anhänge, zur Rede gestellt wurde,³) scheint man ein weiteres Vorgehen auf der Bahn der Neuerung nicht gewagt zu haben. Mitte Mai wurde dann, wie in den anderen kleinen Städten des Oberlandes so ohne Zweifel auch hier nach der Niederwerfung des Bauernaufruhrs die religiöse Bewegung durch den schwäbischen Bund vollständig unterdrückt und die katholische Partei in kirchlicher und staatlicher Hinsicht wieder zur herrschenden gemacht.⁴)

ten, er möge den Dingen ihren freien Lauf lassen. K. A. Schubl. 36, no. I. und Keim, Schwäbische Reformationsgeschichte S. 7.

1) Er ist nicht zu verwechseln mit dem württembergischen Kanzler Dr. Johann Fuchssteiner von Fuchsstein, wie es Jörg, Deutschland in der Revolutionsperiode S. 172 ff. thut, Schlüsse über die Verbindungen zwischen Herzog Ulrich und den Bauern sowie über den Ursprung der Zwölf-Artikel darauf bauend. Sebastian ist, wie aus dem Beinamen „zum Calmberg" hervorgeht, der von Jörg S. 172 Anm. 1 angeführte Sohn des ehemaligen baierischen Schultheißen zu Regensburg, Johann Fuchssteiner Nähere Nachrichten über ihn habe ich nicht finden können: aus einer Bemerkung bei Hörmann erhellt, daß er schon seit 1617 in K. war, daher er denn auch den Bauern ringsum bekannt sein mußte.

2) Daran betheiligte sich nach Jörg, a. a. O. f. 178 später auch Fuchssteiner.

3) Vorhalt des Rathes an die Zünfte. 1525 Mai 1. [?] K. A. Schubl. 31 no. IV.

4) Gegen Mitte Mai kam ein Fähnlein des Bundes in die Stadt. Auf eine Herstellung der früheren kirchlichen Verhältnisse um diese Zeit, deutet auch hin, daß der Bischof von Augsburg am 24. Mai den Geistlichen zu K. empfahl, sich hinfort ihr Amt eifrig angelegen sein zu lassen, sich sittlichen Lebens zu befleißigen u. s. w. Braun, III, 557.

In den folgenden Jahren erscheint der Rath eifrig katholisch: seine Gesandten unterzeichnen 1529 den speirer Abschied und halten sich 1530 auf dem augsburger Reichstage zu denjenigen Städteboten, welche den protestierenden am feindseligsten entgegentraten.¹) Nähere Nachrichten über die kirchlichen Verhältnisse fehlen, doch dürften protestantische Regungen nur sehr spärlich und schwach hervorgetreten sein, da wir von solchen nichts weiter hören, als daß 1531 ein Kaplan sich verheirathete, und 1539 der Pfarrer im Spital auf Veranlassung des Stadtammanns das Abendmahl unter zwei Gestalten austheilte; der Kaplan und wahrscheinlich auch der Pfarrer²) wurde sofort vom Rathe entfernt.

Durch achtzehn Jahre behauptete, wie es scheint, die katholische Partei in Kaufbeuren vollständig die Herrschaft. Daß ihr dies hier, während sie in den übrigen Städten sehr bald wieder unterlegen, so lange möglich war, daß namentlich die Mehrheit der wohlhabenderen und vornehmeren Bürger, welche trotz der demokratischen Verfassung natürlicher Weise das Uebergewicht in den Behörden hatten, katholisch blieb,³) ist wohl dem Umstande zuzuschreiben, daß die Stadt ganz von dem Gebiete katholischer Herren umgeben war, wodurch die Katholiken einen starken Rückhalt hatten und die Einwirkungen der Reformation vermindert werden mußten. Auch besaßen ja die lutherischen und zwinglischen Staatskirchen, die sich in dieser zweiten Periode der Reformationsgeschichte bildeten, nicht mehr jene die Massen hinreißende Gewalt, welche der evangelischen Bewegung in ihren Anfängen innegewohnt hatte. Auf das Volk wirkten, wo noch religiöses Bedürfniß vorhanden war, mehr jene Richtungen ein, welche nicht sowohl die Bildung neuer dogmatischer Systeme als ein den Vorbildern der heil. Schrift entsprechendes Leben oder die innere Vervollkommnung und Erbauung in freien Conventikeln anstrebten, und sich entweder dem herrschenden Drucke durch ein stilles Leben in der Verborgenheit entzogen, oder ihrer Natur nach die Bildung einer festgestalteten und herrschenden Kirche nicht anstrebten.

---

1) Keim, Schwäbische Ref.-Gesch. S. 170, 205, 212 und Strobel, Miszell. liter. Inhalts, III, 205.

2) Die Spitalpfarre erscheint nämlich 1543 als schon seit längerer Zeit mit der Stadtpfarre verbunden. Daß dies geschah, sowie daß die Mehrzahl der Kaplaneien unbesetzt war, darf übrigens nicht als Zeichen lauer Gesinnung des Rathes aufgefaßt werden, sondern war die nothwendige Folge des allgemeinen Priestermangels. Der Rath beschwerte sich 1537 beim Bischof von Augsburg sehr nachdrücklich, daß der Pfarrer zu St Martin gegen seine Pflicht keinen Kaplan halte. Braun, Gesch. der B. v. Augsburg, 558.

3) Daß dies der Fall war, darauf deutet auch der Umstand hin, daß 1543 die Umwälzung mit der „Ergänzung" der Herrenzunft begann, und die ärmeren Bürger im Gegensatze zu den reicheren erscheinen.

Trotz der heftigsten Verfolgungen finden sich im ganzen Süden Deutschlands noch fort und fort zahlreiche Wiedertäufer und seit der Mitte der dreißiger Jahre erfüllte sich Schwaben mit Anhängern der schwenkfeldischen Lehren.

Letztere gewannen auch in Kaufbeuren allmählich immer mehr Boden, während zugleich die Täuferei und der Zwinglianismus wieder Wurzel faßten. Wir können die Entwickelung und das Verhältniß der verschiedenen Richtungen zu einander nicht verfolgen: im Jahre 1543 erscheint plötzlich die Mehrheit der geringeren Bürger dem Katholicismus feindlich, und stürzt nun — wir wissen nicht, ob in Folge besonderer Anlässe — die herrschende Partei.¹) Als am St. Jörgentag [24. April] 1543 die „Gemeinde",²) welche schon „ein zeitlang zusammengelaufen, und viel anschläg und praktiken gemacht, wie sie dis jahrs ein neu regiment sezen wolle", sich altem Brauche nach versammelte, entließ sie zunächst den eifrig katholischen Stadtschreiber, ergänzte darauf die Herrenzunft aus ihrer Mitte,³) und besetzte dann den Rath mit Männern ihres Vertrauens.⁴)

Schon am ersten Tage seiner Amtsführung [dem 1. Mai] faßte der neue Rath mit Gericht und Gemeinde den Beschluß: „das das sacrament allen, die dessen begeren, in baiderlai gestalt solle mitgetheilt werden;⁵)" doch scheint er merkwürdiger Weise für die Ausführung desselben nichts gethan zu haben:⁶) erst am 3. August wurde vereinbart, daß der Rath „ein kirchen erkiese und Ordnung fürneme," damit jenem hinfort „gelebt werde."⁷) Auch jetzt aber gieng man nur sehr zaghaft vor. Man

---

1) Ueber diese Vorgänge liegt mir nur ein nicht vollständig mitgetheilter Brief des Stadtschreibers, der entsetzt wurde, bei Hörmann vor; das Original konnte ich nicht mehr auffinden.

2) Unter dieser, sagt der Stadtschreiber, seien „nichts dann arm, herkommene handwerker, paursleut, taglöhner, gaißhirten und krautschneider geweßt und noch." Er übertreibt wohl, doch mochten allerdings unter den 77 Elfern der kleinen Stadt die meisten arme Leute sein.

3) „Wo sie ein karrenfierer gewußt," berichtet der Stadtschreiber, „so hat derselbig in die herrenzunft gemußt; — — wann einer in K. jetzt einen miß, mit gunst zu melden, auszuführen hat, so darf derselbig nit weit laufen, sondern er findt die fuhrleut all in einer zunft bei einander versammelt."

4) Daß in den Rath viele minder vermögliche Bürger gewählt wurden, darauf deutet, daß man einem Zunftmeister und einem Rathsherrn 6, einem Stadtrechner und einem Spitalpfleger 8, dem Bürgermeister 10 Gl. jährlich zu geben beschloß. Bericht des Stadtschr.

5) Rathsprot. 1543 Aug. 3.

6) Ueber die Zeit vom 1. Mai bis 3. August fehlen alle Nachrichten; mit dem letzteren Tage beginnen die vorhandenen Rathsprotokolle.

7) Rathsprot. 1543 Aug. 3.

forderte nämlich [am 17.] den Pfarrer bei St. Martin, welcher zugleich die Spitalpfarre inne hatte, auf, sich zu erklären, ob er selbst das Abendmahl unter beiden Gestalten austheilen oder auf die Nebenpfründe verzichten wolle, und als derselbe ersteres verweigerte, aber dem Rathe anheimstellte, die Spitalpfarrei anderweitig zu besetzen, wagte dieser nicht, es zu thun, sondern holte zunächst das Gutachten Ulms und Augsburgs ein. Auf dieses hin beschloß er dann am 11. September, das Abendmahl allerdings unter beiden Gestalten reichen zu lassen, im übrigen aber „mit der religion still zu stehen", bis man sehe, wohin der nächste Reichstag [von dem die Protestanten nach den Siegen des Kaisers nichts Gutes erwarteten] ausschlage.¹⁾ Am 29. Oktober wurde darauf die Stelle am Spital dem Pfarrer eines städtischen Dorfes, der sich, dem Befehle des Rathes nachzukommen, bereit zeigte, verliehen.²⁾

Ob die religiöse Bewegung in Kaufbeuren von Anfang an überwiegend schwenkfeldisch war, läßt sich nicht feststellen; doch ist es wahrscheinlich, denn der geringe Eifer, mit welchem man die Einführung des Abendmahls unter beiden Gestalten betrieb und die Schonung der katholischen Glaubensübung lassen sich nicht wohl allein durch die Rücksichten, welche die politischen Verhältnisse und die Nachbarschaft des Bischofs von Augsburg auferlegten, erklären. Um die Mitte des Jahres erscheint der Rath der schwenkfeldischen Richtung völlig ergeben. Derselbe bewilligte nämlich dem Inhaber der honoldischen Predigtpfründe,³⁾ Mathias Espenmüller, einem jungen Manne aus einer der vornehmsten Familien der Stadt, am 3. August einen Nebenbezug seiner Stelle gegen das Versprechen, daß er, „wann in Gott ermane, in der pfarr- oder spital-[kirche] je in der wochen predigen mög." Am 2. November wurde Espenmüller die Weisung, „wochentlich aftermontags und freitags nach der frühemessen, ob er gnad hat," zu predigen, wobei man jedoch dem Stadtpfarrer erklärte, man wolle „nichts neues aufrichten, auch nichts alts abthon."⁴⁾ Im Juli des folgenden Jahres wurde dann ein

---

1) Kfb. Rathsprot. Nach dem augsb. Rathsprot. vom 4. Sept. 1513 lautete die Anfrage nur dahin: ob man forthin das Abendmahl unter beiden Gestalten reichen solle; die Antwort: zu Augsburg halte man es so, was in K. zu thun, werde der Rath selbst am besten wissen.

2) Der Rath bedang dabei aus, daß der Pfarrer seine Köchin und Kinder nicht mit in die Stadt bringe; daß man ihm nicht die Heirath befahl, ist sehr auffallend: mehr noch, daß man ihn verpflichtete, sein Amt „mit meßlesen, predigen, reichnuß sacramenten — — — treulich und fleißig zu verrichten." Rathsprot. Hoffte man dadurch Anfeindungen vom Kaiser oder dem Bischof von Augsburg zu entgehen?

3) Diese war 1453 von einem Mitgliede der vornehmen kfb Familie Honold gestiftet. Esp. scheint sie erst kurz zuvor erhalten zu haben.

4) Rathsprot. 1543 Aug. 3. und Nov. 2.

den schwenkfeldischen Ansichten eifrig ergebener Prädikant, Burkhart Schilling, zum Spitalpfarrer angenommen.¹) Den katholischen Gottesdienst scheint man jedoch noch immer in keiner Weise beeinträchtigt zu haben, und als der Pfarrer am 14. Oktober seine Stelle niederlegte, „weil er merken müsse, daß ein kleines vertrauen bei ihm und sein messe bei vielen ein greuel seie," übertrug man dieselbe, nach vergeblichen Versuchen, ihn zu halten, dem Kaplan der Frauenkirche. ²) Erst im Februar 1545 verbot man diesem, zu predigen; die Messe zu halten, hinderte man ihn nicht und stellte jedem frei sie zu besuchen. ³) Man mochte sich eben dem Kaiser, den katholischen Nachbarn und selbst den Protestanten im Reich gegenüber nicht sicher fühlen, vor allem aber fehlte dem Schwenkfeldianismus in seiner Pflege der Conventikel die Richtung auf Unterdrückung anderer Bekenntnisse, auch betrachtete er die äußeren Gebräuche nicht als unbedingt verdammlich.

In das innere Leben und die Gestaltung der schwenkfeldischen Gemeinde während der Jahre 1543 und 1544 gestatten uns die dürftigen Quellen keinen Einblick; 1545 begann sie ihre Grundsätze auch nach außen hin durchzuführen. Am 9. Februar dieses Jahres beschloß der Rath: „dieweil es leider so übel und kümmerlich in der welt stee, auch noch zum tail zerspaldung in der stat sei, und doch teglich das wort Gottes gepredigt und gehört wirdet, deshalb man billich vom bösen abtreten und das gut thon soll, gar kein ofne faßnacht weder mit tanzen noch anderer leichtvertigkait als vermummen, verklaiden und dergleichen" zu gestatten. Gleichzeitig wurden die „Gunkelhäuser" geschlossen. ⁴) Charfreitag, Ostern, Pfingsten, Himmelfahrt und Frohnleichnam wurden nicht mehr gefeiert, ⁵) und, wie es scheint, auch Taufe und Abendmahl von den Predigern nicht mehr gespendet. ⁶) Im April kam Kaspar Schwenk-

---

1) Woher Sch. kam, wird nicht bemerkt. Er schrieb in Ksb. ein „Judicium über Herrn Martin Luthers Amt und Dienst," worin er denselben nach Hörmann der Aufgeblasenheit, des Neides, der Bitterkeit und der Schmähsucht beschuldigte; gedruckt scheint es nicht zu sein.)
2) Rathsprot.
3) Aufzeichnungen Reths. Meser.
4) Rathsprot. 1545 Febr. 9.
5) Reths Aufzeichn.
6) Dessen beschuldigten Schilling die prot. Stände 1545 März 17. in einem Schreiben an Augsburg und der Rath von K. widerlegte den Vorwurf nur scheinbar. [Vgl. unten.] Von Espenmüller heißt es im augsb. Rathsprot. 1545 Aug. 13: er taufe nicht, noch reiche er das Abenmahl. Es scheint also in K. so weit gekommen zu sein, wie in Folge von Schwenkfelds Anwesenheit zu Landau im Elsaß. Röhrich, Gesch. der Ref. im Elsaß II, 238.

feld selbst nach Kaufbeuren, und erbaute die Seinen während etlicher Tage bei Zusammenkünften in den Häusern seiner Anhänger, unter welchen jetzt Mitglieder der vornehmsten Familien genannt werden.¹)

Es konnte nicht fehlen, daß die Entwickelung der religiösen Bewegung in Kaufbeuren endlich auswärts Aufmerksamkeit erregte. Beim Reichstage zu Worms 1545 kam sie unter den protestantischen Ständen zur Sprache. Die Theologen derselben haßten die stillen „Bekenner der Glorie Christi" nicht weniger als die alle bestehenden kirchlichen und staatlichen Einrichtungen verwerfenden Wiedertäufer, und die Stände selbst konnten sich nicht verhehlen, daß der Sieg einer solchen Sekte in einer Reichsstadt die Schwierigkeiten ihrer Stellung dem Kaiser und den katholischen Ständen gegenüber nicht wenig vermehren werde. Sie beschlossen daher einzuschreiten, und ersuchten Augsburg und Ulm, einige Gesandten nebst einem Prediger nach Kaufbeuren zu schicken und mit dem Rathe dahin zu handeln, daß er seinen Prädikanten, „der des swenkfeldischen irrthumbs auch anderer verfuerischen opinionen und abstellung der h. tauff und abendmals offentlich berüchtigt," entlasse; eine Abordnung werde deshalb nöthig sein, „dweil der burgermaister und die fürnembsten des rats mit dem predicanten ainig und des irrsals auch teilhaft sein sollen," und sie sich daher wohl bemühen würden, den wahren Sachverhalt zu verheimlichen.²) Ein Schreiben der Stände an den Rath³) sollte die Bemühungen der Abgeordneten unterstützen. Diese,⁴) welche Anfang April in Begleitung des bekannten Predigers Michael Keller [Cellarius] eintrafen, konnten jedoch, obgleich Burkhart Schilling bereits gestorben war, nichts anderes erreichen, „dan das sich die von Kaufbeuren solcher botschaft freundlich und dienstlich bedankt und neben anderm soviel zu erkennen gegeben, das ir kirchen in clainer ordnung sei; sie wollen aber den christlichen ständen in kurz widerantwurt geben."⁵) Diese beschränkte sich,

---

1) Hörmann. Es ist für die Weise Schwenkfelds sehr bezeichnend, daß er, obgleich ihm die Kanzeln offen standen, die „Conventikel" vorzog.

2) Augsb. Gesandte an den Rath. 1545 März 18. Stadtarchiv zu Augsb. Auch an Ravensburg richteten die Stände A. C. die Ermahnung, die Schwenkfeldianer auszuschaffen; das.

3) K. A. Schubl. 10 no. V.

4) Ulm scheint an der Abordnung nicht Theil genommen zu haben.

5) Rath zu Augsb. an f Ges zu Worms 1545 April 16 Augsb. Stadtarch. Die lfb. Rathsprotokolle erwähnen die Einmischung nicht; am 25. Mai brechen sie dann ab und beginnen erst am 18. August wieder, sind aber auch nachher noch sehr lückenhaft.

wie zu erwarten, auf die Vertheidigung des verstorbenen Predigers[1]) und der herrschenden Richtung,[2]) weshalb denn Augsburg gegen Ende Juli Ulm, Kempten und Memmingen veranlaßte, mit ihm eine neue Gesandtschaft nach Kaufbeuren zu schicken. Nach harter Mühe gelang es dieser, den Rath am 4. August zur Annahme der augsburgischen Confession [in der oberländischen Fassung] zu bewegen,[3]) und nun wurde alles dem zwinglianischen Brauche gemäß gestaltet. Am 6. August wurden die Bilder und Altäre aus den Kirchen entfernt, alle Kirchen und Kapellen außer der Pfarrkirche geschlossen, und in dieser nur zwei Tische — der eine für das Abendmahl, der andere für die Taufe — aufgestellt. Am 7. forderte man die katholischen Geistlichen — außer dem Pfarrverweser waren noch drei Kapläne in der Stadt — aufs Rathhaus und befahl ihnen, sich jeder Amtsübung zu enthalten, dann wolle man ihnen ihre Einkünfte lassen; da sie sich weigerten, zu gehorchen, mußten sie von dannen ziehen; den [fünfzehn] Schwestern im Mairhof wurde, Messe halten zu lassen und fernerhin Novizen aufzunehmen, verboten, dagegen der Besuch der Predigt und der Austritt freigestellt.[4]) Für die Verwaltung des evangelischen Gottesdienstes lieh Memmingen zwei Prediger. Espenmüller wurde — ohne Zweifel wegen seiner Verwandtschaft mit den vornehmsten Familien — seines Amtes nicht entsetzt, doch dürften ihm Beschränkungen hinsichtlich der Predigt auferlegt sein. Er stellte sich einige Tage krank; kaum aber hatten die Gesandten der vier Städte Kaufbeuren verlassen, als er plötzlich wieder auf der Kanzel erschien und auf das heftigste gegen das augsburgische Bekenntniß und die memminger Prediger sich erging; die Prediger begehrten vom Rathe die Erlaubniß, ihn zu widerlegen; als dieser sie Friedens halber versagte, verließen sie die Stadt. Nun riethen Augsburg und Memmingen, an welche der Rath, auf's höchste bestürzt, Eilboten abfertigte, den unruhigen Prädikanten zu entsetzen; der Rath konnte sich auch jetzt hierzu nicht entschließen, doch bewog er am 31. August Espenmüller zu dem Versprechen, sich hinfort

---

1) Dieser habe „die speisung des leibes und blutes Jesu Christi zu unserer seelen ersettigung gar treulich geprediget," sagte der Rath, und die Sakramente nicht verworfen, sondern „zuvor in Christo, unserm lieben herrn und einichem seligmacher, einen gueten, beständigen grunt wollen legen." Offenbar ein Zugeständniß der Nichtspendung der Sakramente.

2) Das Schreiben vom 5. Mai 1545 K. A. lit. Q. f. 87.

3) Augsb. Rathsprot. 1545 Aug. 11.; Ulmer Rathsprot. 1545 Juli 24., 31., Aug. 14.

4) Reths Aufzeichn. Keine der Schwestern machte von der Austrittserlaubniß Gebrauch, und man behelligte sie nicht weiter.

der Predigt zu enthalten.¹) Damit erreichte die schwenkfeldische Bewegung äußerlich ihr Ende; im Geheimen wirkte sie noch lange nach.²)

Der Gottesdienst wurde seit September 1545 zuerst durch Cellarius, den Augsburg für etliche Monate überließ, dann durch von Kempten und Memmingen erbetene Prediger versehen, bis im Oktober 1546 der bekannte Thomas Naogeorgus [Kirchmair], der seiner calvinistischen Gesinnung wegen kurz zuvor Kahla hatte verlassen müssen, auf Empfehlung des Cellarius angestellt wurde.³)

Um alle diese Vorgänge scheint sich weder das Kapitel noch der Bischof von Augsburg bekümmert zu haben: ersteres trat sogar am 20. März 1545 dem Rathe gegen eine — mit 400 Gl. ablösbare — jährliche Abgabe von 20 Gl. das Patronat über die Martinskirche ab,⁴) und unbegreiflicher Weise bestätigte der Bischof, obgleich inzwischen der katholische Gottesdienst völlig abgeschafft und die Geistlichen vertrieben worden, am 31. August diesen Vertrag.⁵)

Der Kaiser, welchem nur unbestimmte Nachrichten von dem Ge-

---

1) Augsb. Rathsprot. 1545 Aug. 13. Memmingen an Kfb. 1545 Aug. 11., Stadtarch. z. Mem. Kfb. Rathsprot. Im Februar des folgenden Jahres wies der Rath Esp. an, sich mit den beiden andern Predigern der Lehre halber zu vergleichen, danach möge er „wieder in sein amt ston;" [Rathsprot. 1546 Febr. 11.] da die Verständigung nicht gelang, wurde Esp. am 6. April auf sein Begehren erlaubt, noch zwei Jahre auf eine Universität zu gehen; er begab sich nach Basel, von wo er Anfang 1548 zurückkehrte, worauf er nach Prüfung seiner Rechtgläubigkeit die Erlaubniß zu predigen wieder erhielt. Rathsprot. u. Strobl, Misz. lit. Inhalts III, 129.)

2) Vor der Thüre des einen von Memmingen geliehenen Predigers fanden sich noch im März 1546 „behd nnd feindschriften." [Memminger Stadtarch.] März 7. gl. Js. berichtet ein Bürger aus Kfb.: „Der Religion halb stehets noch, wie es ist angefangen, denn daß wir frömmer sind gewest bei h. Burkart dann iz, so wir A. C. haben angenommen; ich hab vermeint, es woll iedermann unsinnig werden die faßnacht; — — — — fürwar es haben sich viel leut darob geärgert" Hörmann. 1591 heißt es vom Stadtammann, er sei „ex professo der schwenkfeldischen lezerei anhängig," [St. A. 308/3. f 183] und noch im siebzehnten Jh. fanden sich Schwenkfelds Schriften bei vielen Bürgern vor. Hörmann.

3) Rathsprot., Hörmann und Strobl, III, 125 ff.

4) B. A. Freilich wurde der Vorbehalt gemacht, daß der Rath stets einen „geschickten, tauglichen priester vermög der [geistlichen] rechten" vorschlagen solle, doch war natürlich auf die Beobachtung desselben nicht zu rechnen. Als Grund der Ueberlassung wird in dem Receß des Kapitels darüber angeführt: das Pfarrhaus sei verfallen, die Aecker verkommen u. s. w., so daß kein Geistlicher mehr die Stelle annehmen wolle; eine Herstellung des Verdorbenen aber werde sehr kostspielig sein. B. A.

5) Braun, III, 560.

schehenen zukamen, sandte dem Rathe am 5. September 1545 eine scharfe Mahnung, seine wiedertäuferischen Prediger abzuschaffen, und den wahren christlichen Glauben bis zur Vergleichung des Religionszwiespaltes zu bewahren.¹) Es war leicht, sich zu rechtfertigen, denn auch während der Herrschaft des Schwenkfeldianismus hatte man die Wiedertäufer nicht geduldet;²) indeß mußte diese Mahnung doch den Rath wie zum Beharren bei der ihm aufgenöthigten Glaubensänderung, so zum engen Anschluß an die Schmalkaldner bestimmen. Er beschickte im Jahre 1546 den frankfurter Convent, und versicherte sich des Schutzes der „christlichen Einigung" gegen etwaige Anfechtungen durch den Kaiser oder die katholischen Nachbarn;³) den Abschied dieses Tages unterzeichnete er, weil man ihm keinen Nachlaß an dem überhohen Anschlag der Reichsmatrikel gewähren wollte, zwar nicht, erklärte aber nachher wiederholt seine Bereitwilligkeit, dem Bunde beizutreten,⁴) und hielt sich beim regensburger Reichstage zu den Einungsgenossen, ersuchte dann, als hier die Unvermeidlichkeit des Krieges hervortrat, Augsburg, da man „entschlossen sei, Gut und Blut an die Lehre A. C. zu setzen," der Stadt mit einem Darlehen zum Ankauf von Waffen und im Nothfall mit einem Fähnlein Knechte beizustehen, und beschickte im Juli den ulmer Tag. Auch hier konnte man jedoch keine Ermäßigung der Reichsmatri-

---

1) Hörmann.

2) 1544 Juli 18. erließ der Rath ein strenges Verbot gegen die Wiedertäufer, worauf mehrere Bürger mit Weib und Kind auswanderten. 1545 Febr. 2. wurde Ausweisung verhängt gegen alle fremden Wiedertäufer, sowie gegen jene Bürger, die ihre Kinder nicht taufen lassen, Steuer, Wacht und andere bürgerliche Pflichten verweigern oder Wiedertäufer behausen, äzen, tränken oder irgendwie fördern würden. Mai 4. wurden neun Bürger, welche bei der Rathsänderung den Eid nicht hatten leisten wollen, mit Vollzug jenes Beschlusses bedroht, im Juni, da sie hartnäckig blieben, ausgewiesen; fünf andere schlossen sich freiwillig den Abziehenden an. Rathsprot. — Wiedertäufer begegnen uns übrigens noch bis gegen das siebzehnte Jh. hin in K., wiederholt findet sich in den Rathsprot. die Bemerkung, daß Bürger zu den Wiedertäufern nach Mähren ziehen, dort weilen, von dort zurückkehren oder Wiedertäufer beherbergt haben; unter den ersteren waren vielleicht auch Schwenkfeldianer, denn von einem, der zurückgekehrt, heißt es: er habe sich mit den mährischen Brüdern „der beiden punkten, des taufens und abendmals wegen nicht vergleichen können." Rathsprot. 1597 Dez. 6.

3) K. A. lit. Q. f. 143 ff. Auch um Gutachten, wie er seine Dörfer reformiren solle, bat der Rath; die Versammelten widerriethen in Rücksicht auf die kathol. Nachbarn K's. jeden Zwang.

4) Briefwechsel mit Augsburg, K. A. lit. Q. und Schubl. 10 und 36.

tel erlangen,¹) weshalb denn die Stadt dem Bunde nicht beitrat und an dem Kriege gegen den Kaiser nicht theilnahm.²)

Der Sieg Karls V. hatte in Kaufbeuren die zweite gänzliche Unterdrückung des Protestantismus zur Folge, indem der Rath nach einem schüchternen Versuche, der Annahme des Interims auszuweichen,³) feige viel weiter ging, als der Kaiser selbst es verlangte. Er ließ nämlich nicht nur, nachdem jene kaum geschehen, [am 29. Juni 1548] durch einen vom Abte zu Irrsee erbetenen Priester im Mairhof — anfangs zwar nur bei verschlossenen Thüren — Messe halten, sondern er räumte auch auf eine neue Mahnung des Kaisers zur Beobachtung des Interims die Pfarrkirche, welche zu diesem Zwecke mit Altären versehen worden [am 5. August] wieder dem katholischen Gottesdienste ein, öffnete die Nebenkirchen und Kapellen, und forderte die Nonnen im Mairhof auf, einen Kaplan zu berufen; ja er entließ sogar [am 8. August] seinen Prediger.⁴) Den Inhaber der honoldischen Pfründe, Espenmüller, behielt man noch, und verpflichtete den katholischen Pfarrer, welchen man am 24. Februar 1549 annahm, denselben in Ausübung seines Predigtamtes nicht zu behindern; als aber der Kaiser am 10. Dezember die Aeltesten des Rathes nach Brüssel vorforderte, um Verantwortung darüber abzulegen, daß man

---

1) Nur einen Reiter und siebzehn Knechte oder 80 Gl., einen halben Römermonat nach der vom Kaiser 1530 bewilligten Ermäßigung, höchstens 100 Gl. wollte man beisteuern; die Versammelten forderten, auf der Matrikel von 1521 bestehend, mindestens 200 Gl. Instr. der tfb. Ges. 1546 Sept. 17. Augsb. an K. 1546 Okt. 3. K. an. Augsb. Okt. 15. K. A. lit. Q. f. 217, 223, 226. Die Zurückhaltung der Stadt war vielleicht zum Theil dadurch veranlaßt, daß der Kaiser am 21. Juli wiederum nachdrücklichst zur Abschaffung der Wiedertäufer und anderer Sekten und zur Beibehaltung der alten kirchlichen Gebräuche aufgefordert und zur Nichttheilnahme am Kriege ermahnt hatte. A. a. O. f. 180 ff.

2) Dies kam ihr nach der Niederwerfung der Schmalkaldner zu gute; sie wurde nur zur Erlegung ihres Rückstandes an der Türkensteuer und zum Ablauf der Einquartierung mit 7000 Gl. angehalten. Hörmann.

3) Der Kaiser befahl die Annahme am 30. Mai 1548; der Rath antwortete am 22. Juni, er wolle dem Befehle soviel möglich nachkommen, denn, was er „mit Gott und gutem Gewissen tuen könne," sei er gegen den Kaiser allzeit willig, schuldig und zu leisten bereit, doch möge man ihm Zeit lassen, um das Interim wenigstens kennen zu lernen. Dies Schreiben wurde dem damit nach Augsburg geschickten Stadtschreiber zurückgegeben: „Man solle den Befehl nicht so ausdeuteln; der Kaiser heiße nicht, gegen Gott und Gewissen zu handeln; er habe auch Leute, welche die Sache verstünden." Hörmann. Darauf nahm der Rath am 28. Juni das Interim an. Erklärung dess. im Staatsarchiv z. Wien, Rel. Sachen, mir mitgetheilt durch Hrn. Dr. v. Druffel.

4) Kirchmair hatte schon um Lichtmeß dieses Jahres gekündigt, sich jedoch zum Bleiben bewegen lassen. Strobl, III, 128.

das Interim nicht beobachte, und er auf den die vorgenommenen Aenderungen darlegenden Bericht des Rathes, am 23. Februar 1550, von der Abordnung zwar entbindend, den Befehl, die dem Interim zuwiderlehrenden Prediger zu entlassen, wiederholte, handelte der Rath mit Espenmüller dahin, daß er sich in Zukunft der Predigt enthalte; die Einkünfte der Pfründe sicherte er ihm für Lebenszeit zu, gab aber auf ein Anschreiben des Kaisers vom 6. November, welches dies rügte und Wiederbesetzung der Stelle befahl, auch hierin nach und berief einen katholischen Geistlichen.[1]

Diese Gefügigkeit bewahrte jedoch die protestantische Partei in Kaufbeuren nicht vor dem Schicksale, welches sie in den übrigen kleinen Reichsstädten im Oberland traf, denn das Werk der kaiserlichen Reaktion konnte nicht gesichert erscheinen, so lange die, welche die Reformation eingeführt und den Aufruhr gegen den Kaiser gefördert hatten, die Herrschaft behielten. Im Jahre 1551 wurde daher auch hier der Rath durch kaiserliche Bevollmächtigte — den Abt von Irrsee und Zimprecht von Benzenau, welchen der bekannte Dr. Hase, der in ganz Schwaben die Umgestaltung der Stadtobrigkeiten im katholisch-aristokratischen Sinne leitete, beigegeben war, — entsetzt und ein neuer Rath ernannt. Die Zünfte wurden aufgelöst,[2] und die bisher von ihnen ausgeübte Wahl der Behörden und Besetzung der Aemter in die Hände des Rathes gelegt.

Die Ordnung,[3] welche diesem dafür zugestellt wurde, war darauf berechnet, der jetzt zur Herrschaft gebrachten Partei, dieselbe „hinfürther ewiglichen" zu erhalten. Sie beschränkte die Zahl der Mitglieder des Rathes auf dreizehn und übertrug ihm die ganze Verwaltung: Gericht und Gemeinde sollten hinfort „nicht ohne merkliche uhrsache" zugezogen werden; die Leitung der Geschäfte wurde einem Ausschusse des Rathes, den fünf geheimen Räthen, worunter die drei Bürgermeister, deren jeder vier Monate „wesen" sollte, zugewiesen, welche, damit ihr Uebergewicht desto mehr gesichert sei, nicht „ohne dapfere eehafte ihres unvermögens,

---

1) Rathsprot. und Hörmann.

2) Alle Handwerksversammlungen wurden bei Leibesstrafe verboten, den Zunftmeistern die Auslieferung der Freiheitsbriefe, Verträge und Urkunden an den Rath befohlen, und der Verkauf der Zunfthäuser und Güter angeordnet; der Erlös aus letzteren sollte zum besten der bisherigen Zunftgenossen, etwa zum Ankauf von Korn bei Theuerung, angelegt werden; um über die Ordnung der Handwerke zu wachen und die Anliegen der Handwerker zu vernehmen, sollten etliche Rathsherren ernannt werden; für Feuersgefahr und dergleichen sollte die Stadt in vier oder sechs Viertel unter je einem Hauptmann, der mindestens Gemeindemitglied sein müsse, eingetheilt werden.

3) K. A. lit. A. f. 28 ff.

Felix Stieve, Reichsstadt Kaufbeuren.

mishandlung oder andere erhebliche ursachen entsetzt" werden sollten. Die übrigen Rathsmitglieder sollten jährlich¹) in folgender Weise „frei" erwählt werden. Nach Verlesung und Beschwörung der Wahlordnung durch Rath, Gericht und Gemeinde sollte ersterer zwei aus den geheimen Räthen und einen aus den Rathsfreunden, dann das Gericht und endlich die Gemeinde je einen aus dem Rathe zu Wahlmännern ernennen, welche fünf, wenn außer den bereits ernannten geheimen Räthen noch drei oder nur mehr einer vorhanden, mit diesen und einem neunten, beziehungsweise siebenten Wahlmann, den sie aus den Behörden oder der Bürgerschaft sich zuordneten, wenn aber noch zwei geheime Räthe oder keiner übrig, nur mit jenen beiden, beziehungsweise allein die Wahl vorzunehmen hatten. Zu Rathsfreunden, besonders aber zu geheimen Räthen, sollten, soweit es möglich, nur Mitglieder der ehemaligen Herrenzunft erwählt werden. Der neue Rath hatte dann aus sich die erledigten Geheimrathsstellen zu besetzen, die Aemter zu vertheilen und die Mitglieder des Gerichtes und der Gemeinde, deren Zahl auf je vierzehn festgesetzt wurde, zu ernennen. Geheimrathsstellen, die während des Jahres frei würden, sollten, wenn nicht die Neuwahl sehr nahe, sofort, alle anderen außer bei starkem „abgang" erst bei jener besetzt werden.

Brach diese aristokratische Gestaltung der Regierung auch mit der ganzen bisherigen Entwickelung, so war sie doch wohl den thatsächlichen Verhältnissen und der Richtung, welche das ersterbende Staatsleben nahm, nicht durchaus zuwider; ganz unnatürlich war dagegen die Bestimmung der Ordnung, daß bei Besetzung der Rathsstellen und Aemter Katholiken stets den Vorzug vor allen anderen erhalten sollten, denn diese bildeten, wie aus den vorhergegangenen und den nachfolgenden Ereignissen erhellt, nur mehr eine verschwindende Minderheit. Der Rath behauptete später den kaiserlichen Kommissären gegenüber, jene Satzung sei in dem Wahlgesetze gar nicht enthalten, und wirklich hieß es in der Abschrift desselben, welche er vorlegte, — die Urkunde selbst versicherte er nicht finden zu können — an der betreffenden Stelle nur: „Weiter sollen zu den empfern" den Rathsstellen und allen Stadtdiensten „nun hinfürther ewiglichen diejenigen so aines christlichen ehrlichen lebens und wesens, auch sonst geschickt, verstendig, schidlich und fridliebend und insonderheit die der alten wahren christlichen religion anhengig, oder wo nit gar doch derselbigen am nächsten sein, andern in allweg fürgezogen werden." Die kaiserlichen Bevollmächtigten erklärten, das Wort „christlichen" vor „religion" sei statt katholischen gefälscht; wie deutlich zu

---

1) Nach der Ordnung sollte der bisher übliche Wahltag festgehalten werden, man wählte jedoch in der Folge stets an Simon und Judä [28 Oktober]; vielleicht hatte die Rathsbesetzung 1551 an diesem Tage stattgefunden.

sehen, sei die Abschrift an dieser Stelle radiert. Der Rath entgegnete, es sei dort nur „durch einen Falz im Papier die Dinte abgeschossen."¹) Wie jedoch diese Ausrede lächerlich ist, so ist das Nichtfinden der Urkunde sehr verdächtig, und ohne allen Zweifel hatten die Bevollmächtigten Recht. Man hatte ja bis 1551 bereits hinlänglich erfahren, was unter der alten' wahren christlichen Religion verstanden werden konnte, und die Urkunde der Ordnung, welche, wie aus mehreren Stellen hervorgeht und in der Natur der Sache liegt, nicht eigens für Kaufbeuren gemacht war, drückte sich daher in dieser Hinsicht sicher ebenso unzweideutig aus, wie die Verfassungen anderer Städte, z. B. die ebenfalls von Dr. Hase angefertigte Biberachs, welche nach den protestantischen Beschwerdeschriften²) zu urtheilen, wie sie in allen anderen Beziehungen mit der kaufbeurer völlig übereinstimmt, so an der hier in Betracht kommenden Stelle, abgesehen von dem Worte „catholischen" statt „christlichen" ganz gleichen Wortlautes gewesen zu sein scheint.³) Ein Grund, weshalb in Kaufbeuren den Protestanten, deren ja äußerlich gar keine mehr vorhanden waren, Zugeständnisse gemacht sein sollten, — nur dadurch ließe sich die Wahl des zweideutigen, vom Rathe verfochtenen Ausdruckes erklären — ist nicht zu finden; wir können auch hier — wie es übrigens später seitens des Rathes und seiner protestantischen Freunde selbst geschah — auf kaiserlicher Seite keine andere Absicht voraussetzen, als die, der katholischen und darum kaiserlichen Partei für die Zukunft die Herrschaft zu sichern.

Dies wurde nun, zumal die Nachbarn einem katholischen Rathe einen starken Rückhalt geboten hätten, wohl wie in Biberach, Weil, Dinkelsbühl, Gmünd u. s. w. geglückt sein, wenn es noch möglich gewesen wäre, die Regierung in die Hände einer wirklich katholischen Aristokratie zu legen. Die vornehmen Bürger Kaufbeurens waren jedoch bereits fast ohne Ausnahme protestantisch gesinnt, und man mußte daher Mitglieder der geringeren Familien heranziehen,⁴) fand aber auch

---

1 Erklärungen und Wechselschriften v. 1602 K A. vol. II, Kommissäre an den Kaiser 1604 Okt. 29. das. vol. III f. 719 ff. Daß die Stelle radiert sei, erkannte der im Jahr 1601 abgesetzte Stadtschreiber 1604 bei der Untersuchung durch die Kommissäre au. B. A.

2) Bei Lehmann; De pace religionis acta publica et originalia, I, 121 ff. und 161 ff. Eine Abschrift der biberacher Wahlordnung zu erhalten, habe ich mich vergeblich bemüht.

3) Die Beschwerdeschrift b. Lehmann sagt: die hasische Ordnung bestimme, daß in den Rath nur solche zu wählen, die „der catholischen religion anhängig, oder doch derselbigen müssen sein;" offenbar ist diese Stelle wie so manche andere bei L. im Abdruck verstümmelt und vor „müssen" „am nächsten" einzuschalten.

4) In allen diesen die inneren Verhältnisse betreffenden Dingen sind bei der

deren nicht genug taugliche, sondern sah sich genöthigt, die Rathsstellen, sich auf die Ausschließung der Schwenkfeldianer und der Förderer des Aufruhrs gegen den Kaiser beschränkend, zum Theil mit „Interimisten," d. h. frühern Zwinglianern zu besetzen.¹) Eine solche Schöpfung konnte keinen Bestand haben; ( es war unvermeidlich, daß die festzusammenhaltenden, durch Geschäftskenntniß und Wohlhabenheit überlegenen „Geschlechter" sehr bald, wie es ja auch während des Zunftregimentes überall allmählich geschehen war, wieder das Uebergewicht erlangten und jene ihnen nicht angehörigen katholischen Mitglieder verdrängten.)

Schon im Jahre 1554, nachdem kaum des Kaisers den Protestantismus zu Boden haltende Macht durch den „Fürstenaufruhr"²) gebrochen, wurde der eifrig katholische Sylvester Königmann des Bürgermeisteramtes entsetzt und an seine Stelle Eulogius Thalheimer, der sich später als eifrigen Protestanten erwies, erwählt;³) im nächsten Jahre nahm man Königmann unter dem Vorwande schlechter Verwaltung auch das Spitalmeisteramt und stieß ihn aus dem Rathe; in diesen wurde dafür der Stadtammann Rudolph Bonrieder aufgenommen, und dessen Amt an seinen Bruder Leonhard verliehen, welche beide in der Folge als die Häupter der Protestanten erscheinen; ( gleichzeitig wurde Hans Espenmüller, ein Verwandter des oftgewähnten Prädikanten, Mitglied des Gerichtes.⁴)) Ob noch weitere Veränderungen vorgingen, ist nicht er-

---

Dürftigkeit der Quellen nur Vermuthungen möglich; die Richtigkeit der obigen, von Hörmanns Angaben unterstützten Annahme scheint mir jedoch unzweifelhaft, da der einzige Bürgermeister, der nicht „Interimist" war, S. Königmann, einer zwar wohlhabenden, aber nicht der Herrenzunft angehörigen Familie entstammte.

1) Hörmann. Die vornehmsten Familien, die Bonrieder, Lauber, Espenmüller scheinen gänzlich vom Rathe ausgeschlossen zu sein; nur das Amt des Stadtammanns, zu welchem Rechtskenntniß nöthig, wurde einem Bonrieder verliehen, oder wohl vielmehr gelassen.

2) Diesem gegenüber benahm sich der Rath im Andenken an den schmalkaldischen Krieg sehr vorsichtig. Als ihn die verschworenen Fürsten zur Erlegung eines drittel Römermonates aufforderten, bat er den Kaiser um Verhaltungsbefehle; dieser wies ihn an, sich auf nichts einzulassen, doch mußte man sich schließlich zur Zahlung in drei Fristen verpflichten; davon entbond der Kaiser die Stadt [am 26. Juni von Brixen aus] und die Abschließung des passauer Vertrages überhob sie wirklich der Leistung. Hörmann. Die Verbündeten kamen übrigens am 15. Mai vor die Stadt und zogen am 16. weiter: „noch selbigen tag ist die celebratio s. missae widerumb verbotten;" erst am 17 August wagte man sie wieder öffentlich zu halten; bis dahin fand sie auf Weisung des Bürgermeisters S. Königmann heimlich im Mairhof ½statt. Raths Aufz.

3) Bürgermeisterverzeichniß b. Hörmann.

4) Rathsprot. 1555 Mai 31. und Juni 14.

sichtlich,¹) doch ist offenbar, daß die protestantisch-aristokratische Partei bereits ganz das Heft in Händen hatte. ²)

Man sollte nun erwarten, daß dieselbe, zumal die Verträge von Passau und Augsburg den Schutz der Reichsverfassung auf die protestantischen Stände ausdehnten, ohne Verzug die kirchlichen Verhältnisse, wie sie vor der kaiserlichen Reaktion gewesen, hergestellt hätte. Dies geschah jedoch nicht, vielmehr widersetzte sich der Rath anfangs den dazu drängenden Bürgern und ging dann, als er jenen nachgeben zu müssen glaubte, nur Schritt für Schritt in der Wiedereinführung des Protestantismus vor; zu jeder neuen Aenderung ließ er sich nöthigen oder wartete, bis sich die Gelegenheit dazu von selbst bot; mit Sorgfalt suchte er den Schein der Gewaltsamkeit zu vermeiden und die Verantwortlichkeit für das Geschehende von sich abzuwenden, und er wagte nie zur völligen Unterdrückung des Katholicismus zu schreiten, ja er war ängstlich bemüht, den Anhängern desselben zu Klagen keinen Anlaß zu geben.

Die Ursache dieser überraschenden Zurückhaltung war, wie es scheint, einerseits die Ansicht des Rathes, daß ihm durch den Religionsfrieden eine Beschränkung des katholischen Bekenntnisses nicht gestattet sei,³) anderseits aber und hauptsächlich die Besorgniß, daß er durch sein Vorgehen in Händel mit dem Kaiser oder dem Kammergerichte verwickelt werden und damit auf Grund der Wahlordnung eine Reaktion, welche die von Karl V. erzwungenen politischen und kirchlichen Zustände herstellte, eintreten könne, was um so leichter möglich erscheinen mußte,

---

1) Die von 1545 bis 1551 sehr lückenhaften Rathsprotokolle fehlen für 1551 bis auf zwei, für die folgende Zeit bis Mai 1555 vollständig.

2) Darauf deutet auch, daß unter den drei Gesandten, welche man 1555 zum Reichstage schickte, zwei sind, die sich hernach als entschiedene Protestanten zeigen, [Hörmann] sowie daß die Rathsprotokolle vom Mai dieses Jahres an vollständig erhalten sind, und in ihnen die Tage nicht mehr nach den Festen — abgesehen von den höchsten — und den Heiligen, sondern mit Zahlen bezeichnet werden, was um so auffälliger ist, als der frühere Stadtschreiber noch im Amte war. — Im Anschluß an diese Herstellung der Herrschaft der protestantischen Partei wurden vermuthlich auch die Zünfte wiederhergestellt, denen wir später in der früheren Gestalt — doch, wie es scheint, ohne „Elfer" — begegnen.

3) Daß der Rath dieser Ansicht war, ist befremdend, erhellt jedoch, wie aus seinem ganzen Auftreten, so auch daraus, daß er 1559 den Prediger, der auf Abschaffung des kath. Gottesdienstes drang, mit dem Bemerken abwies: er wolle den Reichsabschieden nachsetzen, [Rathsprot. Juli 27.] und 1588 den kais. Kommissären und dem Kaiser selbst vorzuspiegeln suchte, die beiden Bekenntnisse seien schon seit 1544 in gleicher Weise wie damals neben einander geübt. [Kommissionsprot. und Rathsbericht an den Kaiser, K. A. lit. A. f. 240 ff. und St. A. 373/61 f. 45 ff., 308/3 f. 233 ff.]

als die kleine Stadt ringsum von katholischen Fürsten, worunter der Bischof von Augsburg und das mächtige Baiern, umgeben war.¹)

Für die Masse der Bürger war selbstverständlich diese nicht unmittelbar drohende Gefahr nicht vorhanden: ihnen mußte nach dem Sturze des Kaisers und dem Abschluß des Religionsfriedens die Wiedereinführung des Protestantismus völlig gefahrlos erscheinen. (Zweihundert oder mehr aus ihnen forderten daher schon im März 1557 den Rath auf, einen Prediger augsburgischer Confession zu berufen.²) Der Rath schlug die Bitte ab; als sie aber „nachdrücklich" erneuert wurde, verlangte er eingeschüchtert einen Monat Stillstand, um bei Augsburg, Ulm, Memmingen und Kempten, „als auf welche die Stadt in allen fürfallenden strittigkaiten absonderlich gefreiet," sowie sonst sich Rath zu erholen.) Die befragten „hochverstendigen"³) fanden die Bewilligung zur Zeit bedenklich, und der Rath ermahnte daher die Bürger von ihrem Begehren abzustehen, oder wenigstens den Verlauf des auf den 24. August nach Worms ausgeschriebenen Religionsgespräches, durch welches nochmals die Vergleichung der spaltigen Religion versucht werden sollte, abzuwarten. Noch einigem Zögern erklärten sie sich zu letzterem bereit,⁴) bemächtigten sich aber gleich darauf der Sebastianskapelle auf dem Gottesacker, hielten dort mit Psalmensingen und Lesung der hl. Schrift Gottesdienst und zeigten sich so unruhig, daß der Rath es bald nicht mehr möglich erachtete, sie länger hinzuhalten. Um sich jedoch zu sichern, schickte er den Stadtschreiber mit einer höchst eigenthümlichen Eingabe, die deutlich verräth, wie sehr er, das Gesuch der Bürger zu erfüllen, geneigt war, zu König Ferdinand nach Preßburg. „Nit der geringste theil der

---

1) Diese besorgniß drückt sich namentlich darin aus, daß der Rath 1557 Kg. Ferdinand um die Erlaubniß zur Annahme eines Predigers ersuchte. Wie lebhaft sie auch später noch war, geht daraus hervor, daß 1583 der Rath auf die bloße Drohung des Pfarrers mit einer Klage beim Bischofe, gegen ein ausdrückliches Statut etlichen Jesuiten die erst verweigerte Erlaubniß zu predigen ertheilte. Beschwerdartikel des Pf. Heinz St. A. 373/61 f. 107 ff.

2) Ueber diese Vorgänge liegt mir nur der Vortrag des Rathes an die Abgeordneten der vier Nachbarstädte [K. A. lit. A. f. 63] vor, der natürlich nur dürftige und einseitige Nachrichten gibt. Wie aus dem Vergleiche, der schließlich geschlossen wurde, hervorgeht, ist das Gesuch der Bürger dahin zu verstehen, daß die kath. Glaubensübung durch die protestantische ersetzt werden solle.

3) Diese werden nicht näher bezeichnet; keinesfalls waren es die Räthe der vier Städte.

4) Rathsbericht u. Rathsprot. vom 31. Mai 1557. Die Bürger gaben dem Rathe zu verstehen, daß sie ihn zur Erfüllung ihres Gesuches viel geneigter glaubten, als der ihnen vom Stadtschreiber vorgetragene Bescheid kundgab; natürlich verwahrte sich jener dagegen.

burger," stellte er diesem vor,[1]) habe gebeten, einen Prediger augsburgischer Confession zu berufen, da fast alle umliegenden Städte deren hätten und sie durch den Religionsfrieden zugelassen wären, auch schon früher „bei verwaltung der chur- und fursten Sachsen und Hessen ermelte confession, deren sie nochmals anhängig, ein zeit lang in gebrauch gewesen wäre;" er, der Rath, sei, wie er bisher den katholischen Glauben aufrecht erhalten, noch zu keiner Aenderung gesonnen, bitte aber zu Vermeidung von Unruhen in das Begehren der Bürger zu willigen; wolle der König dies nicht, so möge er angeben, was zu thun. Es erfolgte der Bescheid, man solle die Bürger ermahnen, bei der so lange geübten katholischen Religion auch fernerhin zu bleiben.[2]) Der Rath theilte diese Antwort den Unruhigen mit, doch war sie natürlich nicht hinreichend, um dieselben einzuschüchtern, sie könnten einmal von ihrem Begehren nicht abgehen, erklärten sie [am 30. Juli],[3]) erfülle der Rath es nicht, so würden sie die Hilfe „der stände und verwandten" anrufen; und aufs neue liefen sie drohend zusammen. Nun ersuchte der Rath — wohl mehr um sich dem Reichsoberhaupte gegenüber Schutz und Beistand zu sichern, als um zu weit gehenden Forderungen ausweichen zu können — die vier Nachbarstädte um ihre Vermittelung,[4]) und die Abgeordneten derselben brachten am 27. August einen Vergleich zu Stande.[5]) Die „Gemeinde A. C." — so wird sie bereits genannt — verpflichtete sich, den Katholiken die Pfarrkirche unberührt zu lassen und deren Pfarrer und Kirchendiener nicht zu belästigen; dagegen willigte der Rath ein, ihr die Frauenkirche einzuräumen und längstens bis Simon und Judas [dem Wahltage] einen Prediger, der sich jedoch alles Schmähens gegen den katholischen Glauben zu enthalten habe, zu berufen; bis zu dessen Ankunft sollte den Protestanten gestattet sein, wie bisher in der Sebastianskirche Gottesdienst zu halten.

Der Rath beeilte sich seinem Versprechen nachzukommen; schon um Mitte September ließ er durch Thomas Tillmann, einen Prädikanten, den Ulm auf Ersuchen „anlehensweis" überließ, in der Frauenkirche den ersten evangelischen Gottesdienst halten.[6]) Natürlich vermehrte sich nun, da niemand mehr seine Gesinnungen zu verhehlen brauchte, die Zahl der Protestanten sehr rasch,[7]) und damit mußte der vorwärts

---

1) K. A. lit. A. f. 57. — 2) K. A. lit. A. f. 59.
3) A. a. O. f. 60.
4) 1557 Aug. 13. beschließt der Rath zu Ulm auf Anhalten ksl. Gesandten, auf Bartholomäi [25. Aug.] Abgeordnete nach K. zu schicken. Ulmer Rathsprot.
5) K. A. lit. A. f. 96.
6) Hörmann und ulmer Rathsprot. 1557 Sept. 11.
7) Anfang 1559 waren nur noch 100 kath. Bürger vorhanden. Pf. Schorer an d. B. v. Augsb. B. A.

drängenden Partei der Muth zu neuen Forderungen wachsen. Tillmann, der nicht eben ein sehr würdiger Diener am Wort gewesen zu sein scheint,¹) und ganz und gar von dem wüthenden schmähsüchtigen Fanatismus, welcher die lutherischen Theologen jener Zeit auszeichnet, erfüllt war, stellte sich an ihre Spitze. Schritt für Schritt wurde der Rath weiter gedrängt.

Schon am 5. Oktober forderte Tillmann, der kaum für fünf Jahre zum Prediger bestellt war, gegen die ausdrückliche Bestimmung des geschlossenen Vergleiches, sei es weil die Frauenkirche bereits für seine Gemeinde zu eng wurde,²) sei es, weil er den Katholiken den Vorzug, allein die Stadtpfarrkirche inne zu haben, nicht zugestehen wollte,³) die Erlaubniß, in St. Martin predigen zu dürfen. Der Rath wies ihn [am 8. Oktober] ab, doch der Prediger antwortete trotzig: „ime gieng hierin weder rath noch gericht an, sonder er wollte hierumb ain ganze gemaint hören, — — — und da man seinem begeren nit gutwillig stattgeben wolle, mueste er anderst zur sachen thuen und verrer rath haben;" die Bürger liefen auf's neue zusammen und der Rath gab nach. Er ließ durch einen Ausschuß mit dem Pfarrer, Albrecht Schorer, unterhandeln und bewog denselben, dem Prediger die Mitbenützung der Kanzel zu gestatten,⁴) wogegen dieser versprach, seine Predigt stets um acht Uhr zu enden, damit der katholische Gottesdienst nicht behindert werde.⁵)

Bald darauf verlangte der Prediger die Reformation der Schule; der Rath verweigerte sie, als aber jener [am 1. Februar 1558] seine Bitte dahin stellte, daß man „im und dem pfarrer mit einander gewalt gebe, dann er dieser zeit nit willens sei, ine an seinem amt zu verweisen, doch solle catechismus in die Schul gegeben und gelert werden," willigte er hinsichtlich der deutschen Schule ein.⁶)

---

1) Als 1563 eine pestartige Krankheit in der Stadt herrschte, erklärte T. dem Rathe: „das er nit in die heuser, darinn die prechen sein, gehen könde noch wolle, dann unser her Got ime das herz entzogen;" als der Rath ihn an sein Pflicht erinnerte, entgegnete er: „wann man sein weib und kinder well bedenken und halten wie jetzt in seinem Leben, so well er's thun, wo nit, wiß und könd er es nit zethun;" da der Rath sich weigerte, diese Bedingung einzugehen, blieben alle seine Bitten vergeblich. Rathsprot. Sept. 10.

2) Diesen Grund geben spätere Rathsschriften an.

3) Das behauptet der kath. Pfarrer 1559. K. A. lit. A. f. 141.

4) Schorer erklärte jedoch dabei sehr richtig, „daß solches gleichwol in seinem gewalt nicht stuent."

5) Rathsprot. v. 5., 8. und 9. Okt. Bericht Schorers an den B. v. Augsb. K. A. lit. A. f. 141.

6) Rathsprot.

In ähnlicher Weise errang dann Tillmann im Juli die Berufung eines Helfers auf die henoldische Predigtpfründe, deren katholischer Inhaber im Januar eine Pfarrei erhalten hatte, und im September die Einräumung eines Altares — und zwar des „mittlen und gebräuchlichsten" — in der Pfarrkirche für die Feier des Abendmahles.[1])

All diese Zugeständnisse befriedigten ihn jedoch nicht. Unaufhörlich drang er in den Rath, den katholischen Gottesdienst gänzlich abzuschaffen,[2]) und da dieser ihm nicht willfuhr, beschuldigte er ihn nicht nur, daß er mehr Baal als Christus zu gefallen suche, sondern er ermahnte auch, wie Schorer angibt,[3]) die Bürgerschaft, die Wahlordnung von 1551 zu beseitigen und eine freie Wahl vorzunehmen, damit Rath und Predigtstuhl zusammenstimmten. Den Pfarrer und den katholischen Glauben griff er zugleich von der Kanzel herab mit solcher Heftigkeit an, daß sich jener vor der aufgehetzten Menge seines Lebens nicht mehr sicher glaubte, und wiederholt den Rath um seinen Abschied bat.[4])

Dieser ließ sich jedoch nicht zu entschiedenen Schritten in Tillmanns Sinne drängen. Zwar entfernte er mehrere Katholiken aus seinem Mittel,[5]) doch dürfte dies wohl nicht aus religiösen Rücksichten, sondern nur zur Beendigung der aristokratischen Abschließung geschehen sein, da er alsbald wieder Katholiken aufnahm. Den Pfarrer bewog er, so oft er aufsagte, stets wieder durch Bitten und Versprechungen zum Bleiben, und immer auf's neue verbot er den Predigern ihr Schmähen und die Beeinträchtigung der dem katholischen Gottesdienste vorbehaltenen Zeit.[6])

Diese Verbote fruchteten freilich nichts, denn ihre Schmähungen begründeten die Prediger mit ihrer Pflicht, falsche Lehren zu bekämpfen, und hinsichtlich der Beendigung des Gottesdienstes wollten sie sich durchaus an keine Stunde binden. Um die steten Zänkereien in letzterer Hinsicht zu enden, machte endlich Schorer [am 31. März 1559] den Vorschlag, daß man den Anfang des katholischen Gottesdienstes statt auf 8 Uhr auf 8½ festsetzen solle; trotz des Widerspruchs des Helfers — Tillmann war gerade verreist — ging der Rath darauf ein.[7]) Als

---

1) Rathsprot. 1558 Febr. 1 und 4, Apr. 23., Juli 10, Sept. 27. Beschw. des Pf. Schorer an den B. v. Augsburg. A. a. O. Mit dem Altare waren bedeutende Einkünfte verbunden, die an die Prediger übergingen.
2) Rathsprot. 1558 Nov. 4., 29; 1559, Jan. 17., März 4. u. s. w.
3) Bericht an den B. v. Augsb. B. A.
4) Rathsprot und Beschw. Schorers an den B. v Augsb.
5) Schorers Bericht. Sch. schreibt diese Entlassung den Hetzereien Tillmanns zu.
6) Rathsprot.
7) Rathsprot.

nun Schorer demgemäß am folgenden Sonntage den Gottesdienst einläuten ließ und begann, stellten ihn die Prediger am Altare unter den heftigsten Drohungen zur Rede und setzten ihm nach beendigtem Gottesdienste auf der Straße, von einer Schaar ihrer Anhänger umgeben, so zu, daß er sich in sein Haus flüchten mußte.[1]

Nun endlich wandte sich Schorer, wie er früher schon gedroht, an seinen Bischof, Kardinal Otto von Augsburg, und berichtete ihm über die Vorgänge seit 1557. Otto nahm sich der Sache mit Eifer an und brachte von Kaiser Ferdinand, mit dem er gerade beim Reichstage zu Augsburg weilte, am 4. Juni[2] für den Abt von Ottobeuren und Wilhelm von Reitthaim, einen Kaufbeuren nahe gesessenen Adeligen, den Auftrag aus, dort eine Untersuchung vorzunehmen. Die beiden Herren kamen diesem Befehle weder mit Eifer noch mit Geschick nach; erst am 9. Juli trafen sie in der Stadt ein und beschränkten sich hier darauf, nachdem sie den Pfarrer seine Beschwerden ausführlich hatten aufsetzen lassen, die Bürgermeister über dieselben zu vernehmen; als diese hinsichtlich einiger Artikel Auskunft verweigerten, weil sie die ganze Stadt angingen, und Abschrift der Beschwerden zur Vorlage an den Rath begehrten, erachteten sie sich zu solcher Weitläufigkeit nicht befugt und reisten ab. In ihrem Berichte riethen sie dem Kaiser, die Beschwerden des Pfarrers dem Rathe zu überschicken, und dessen Verantwortung einzufordern.[3] Dies geschah am 9. August,[4] worauf der Rath am 22. einen weitläufigen Bericht[5] überschickte, in welchem er sich zu rechtfertigen suchte und sich den Schutz des Pfarrers angelegen sein zu lassen versprach; die Irrungen, bemerkte er schließlich, rührten von dem Religionszwiespalt her, den er nicht zu beseitigen vermöge, da sich höhere Stände umsonst um dessen Austrag bemüht. Es scheint, daß sich der Kaiser mit dieser Antwort begnügte, und weder von ihm noch von dem Kardinale die Sache weiter verfolgt wurde.

Immerhin mußte jedoch dieser Zwischenfall den Rath in seiner Politik bestärken, und ihm noch mehr als bisher an's Herz legen, Klagen des Pfarrers zu verhüten. Wie es scheint, gelang es ihm auch jetzt endlich, die Prediger, nachdem er unmittelbar nach der Abreise der kaiserlichen

---

1) Rathsprot. 1559, Apr. 14 und Bericht Schorers.
2) Schon am 28. April hatte sich Ferdinand zur Abfertigung einer Kommission bereit erklärt, doch verzögerten die Reichstagsgeschäfte den Erlaß bis zu dem obengenannten Tage. B A.
3) Der Schriftwechsel im B. A.
4) Hörmann. Das kais. Schreiben fehlt.
5) K. A vol. II. p. 23.

Kommissäre noch einen harten Strauß mit ihnen bestanden,¹) zu besonnenerem Auftreten zu bewegen, wenigstens finden sich in den Rathsprotokollen keine weiteren Klagen über sie. ²) Die Protestantisirung der Stadt führte er mit derselben Zurückhaltung wie bisher weiter.

Als 1562 der Kaplan des Pfarrers starb, wurde die Stelle nicht mehr besetzt, sondern man „handelte" mit dem Kaplan der Nonnen im Mairhof dahin, daß er gegen eine Vergütung dem Pfarrer beistehe;³) gleichzeitig bewog man letzteren, die Pfarrei im Spital, welche der verstorbene Kaplan versehen hatte, mit dem Helfer Tillmanns zu theilen: jeder erhielt die Hälfte des Einkommens und es wurde bestimmt, daß der katholische Gottesdienst an den Sonntagen, während der evangelische in der Martinskirche stattfinde, der evangelische aber am Freitag gehalten werden solle. ⁴) Später wurde auch das „examen chatechisticum," die Mittagspredigt der Protestanten aus der Frauenkirche in die Pfarrkirche verlegt,⁵) und in der Kapelle des Siechenhauses der evangelische Gottesdienst eingeführt. Der Meßner an der Martinskirche war gleich anfangs übergetreten. ⁶) (Für die deutsche Schule hatte man schon 1559, als sie erledigt, einen protestantischen Schulmeister bestellt; die

---

1) Am 28. Juli drangen sie mit den stärksten Drohungen und Verdächtigungen gegen den Rath auf sofortige Entfernung Schorers; mit Mühe gelang es, sie zu beschwichtigen; schon am 15. August aber erneuerten sie ihre Forderung, sich weigernd, den Gottesdienst, obgleich sie dazu hatten läuten lassen, zu halten, weil der Abt von Irrsee einigen seiner Unterthanen, die am Freitag zu einer Hochzeit nach K gegangen, das Verbot des Fleischessens eingeschärft hatte; auf vieles Bitten des Rathes ließen sie sich endlich herbei, den Gottesdienst zu halten, griffen aber dabei Schorer wieder so heftig an, daß er am 18. den Rath fragte, ob er noch mit seinem „alten gotzendienst" fortfahren solle; jener antwortete bejahend, versprach ihm auf's neue seinen Schutz und wiederholte nachdrücklichst seine Mahnungen an die Prediger. Rathsprot. 1559 Juli 28., Aug. 15., 18. und 22. Daß der Rath die Prediger nicht zu entlassen wagte, liegt ohne Zweifel daran, daß sie beim Volke großen Beifall fanden.

2) Nur unter dem 12. Febr. 1574 findet sich noch die Bemerkung, daß Tillmann zur Rede gestellt worden, weil er in einer Predigt — wohl auf das Bestehenlassen des katholischen Gottesdienstes hindeutend — gesagt, der Rath gebrauche die Kirchengüter nicht recht und stehle sie gleichsam.

3) Bettel im St. A. 373/11 f. 153.

4) Rathsprot.

5) So klagt Pf. Heinz in einer Beschwerdeschrift an den B. v. Augsburg im J. 1584; der Rath behauptet in seiner Antwort, diese Verlegung sei gleich 1557 vereinbart, [St. A 373 61 f. 15 und 21] was jedoch ohne Zweifel unrichtig ist, da der Vertrag vom 27. Aug 1557 und Schorer's Beschw. v. 1559 nichts davon erwähnen.

6) Kath. Beschw. v. 1588 u. 1602.

lateinische wurde — wie es scheint 1562 ¹) — in eine evangelische und katholische getheilt; erst 1571 vereinte man sie wieder unter einem Protestanten, bestellte jedoch, „damit die alt catholische religion irs theils auch nit mangel habe", einen Kantor und wies überdies, da der Pfarrer unter den Kindern seines Glaubens nicht genug Sänger finden konnte, bis jene „besser erwachsen" acht auswärtigen Schülern aus dem Spitale Unterhalt zu, damit sie den Gesang beim katholischen Gottesdienste versähen. ²)

Nach diesen Aenderungen konnte die Gestaltung der evangelischen Gemeinde als abgeschlossen betrachtet werden. Der Rath begnügte sich denn auch damit und schritt selbst in den späteren Jahren trotz des Beispieles, welches ihm ringsum zahlreiche Reichsstädte gaben, nicht zur völligen Unterdrückung des Katholicismus. Nach wie vor ließ er die beiden Geistlichen ungestört ihres Amtes walten, reichte ihnen und dem Kantor ihre Einkünfte, sorgte für Besetzung der erledigten Stellen, bestellte Chorknaben, ließ dem katholischen Gottesdienste fort und fort die gelegensten Stunden vorbehalten und behelligte die Schwestern im Mairhof in keiner Weise, ja er verlieh sogar noch immer einige Stellen in seinem Mittel an Katholiken.³) Mit dem Pfarrer Schorer unterhielt er das beste Einvernehmen,⁴) was freilich bei dessen Nachgiebigkeit nicht schwer fallen konnte.⁵) Weniger leichten Stand hatte er bei dem Nachfolger desselben, Theodor oder — wie er meistens heißt, — Deusdedit Heinz.⁶) Ein weniger „von Gott verliehener" Hirt als dieser dürfte selbst in jener Zeit, in welcher der Verfall der Kirchenzucht überall,

---

1) In diesem Jahre wurden nämlich, nachdem die Prediger und der lat. Schulmeister um die Reformation der Schule angehalten, die Prediger, der Pfarrer und etliche Rathsherren mit Abfassung einer Schulordnung beauftragt. Rathsprot.

2) Rathsprot. 1571 März 6.

3) 1587 waren drei Katholiken im Rathe, zwei in der Gemeinde [St. A. 373/61 f 99] und zwei im Gerichte [K. A. vol. II. p. 343.]. Aehnlich dürfte das Verhältniß in den früheren Jahren, über welche alle Nachrichten fehlen, gewesen sein.

4) Darauf beruft sich der Rath später wiederholt.

5) Sch. scheint übrigens kein unwürdiger Priester gewesen zu sein: es findet sich über ihn keine Klage und er machte eine Stiftung zu milden Zwecken. Hörmann. Der kais. Rath Ilsung bezeichnet ihn als einen würdigen, gelehrten Mann. St. A. 308/36 f. 125

6) Er wurde 1577 Juli 10. auf Empfehlung des Abtes von Irsee und Christof Hörmann angenommen, wobei er versprechen mußte, „daß er sich in seinem thun und lassen katholisch, christlich, schidlich, gegen menniglich freundlich, bescheidentlich und ohnärgerlich verhalten, insonderheit aber der jesuiterischen sect gänzlich müßigen und endschlagen — — solle," widrigenfalls ihn der Rath alsbald zu entlassen berechtigt. Rathsprot.

wo nicht Jesuiten eingriffen, noch fortdauerte, selten einer Gemeinde beschieden gewesen sein. Durch das unwürdigste Betragen, durch Trunksucht und Unsittlichkeit war er Katholiken und Protestanten in gleicher Weise ein Aergerniß; durch seinen Hochmuth, sein Verketzern der Gegner auf der Kanzel, seine Schmähungen und Anfeindungen des Rathes und einzelner erbitterte er gegen sich und die Sache, die er vertreten sollte und mit unermüdlicher Zanksucht fing er nach allen Seiten hin Händel an.[1])

---

1) K. A. lit. A. f. 195 ff. findet sich ein weitläufiger, im Okt. 1588 vom Rathe dem Bischof von Augsburg überschickter „discursus Deusdedit Hainz, pfarrhern zu K. betreffent," welcher in zwanzig Punkten des Leben desselben schildert. „Ohne zuvohr gewiß bestimbte belohnung", heißt es da, halte H. keine Seelenmesse, u. s. w.; oft habe er „feier- und jahrtäg in der wochen zu begehen verkündiget, da er doch hernach vonn unmäßigem trinken und anderer unweiß des vohrgehenden tags sich also untüchtig gemacht, daß er ganz in die kirchen nicht kommen;" er habe „mit schir unzahlbaren burgern und ledigen burgersöhnen (deren vil seine kirchenkinder) rauff- und schlaghändeln" gehabt; mit dem Kaplan vom Mairhof und anderen Priestern habe er sich so entzweit, „das es etlichemal zimblich zum straichen kommen;" das Landkapitel [Dekanat] verlästere er so, daß er deßhalb in den Versammlungen desselben mehrfach „mit den fürnembsten zum hadern, rauffen und schlagen kommen;" und obwohl er durch dies alles „vermög der gaistlichen canones irregularis" geworden, habe er doch „inn oftmals tötlichem neit und haß" fort und fort die Sakramente verwaltet; selbst am Altare und „inter tremenda, ut loquuntur mysteria," habe er mit dem Meßner und anderen „nit ohne fluech- und schimpfwort" gehadert; gegen die kath. Rathsherren, welche an Frohnleichnam den Himmel getrogen, habe er sich wiederholt so „unbeschaiden und sträfflich" benommen, daß sie sich diesem Dienste entzogen; den Kantor und die kath. Schulkinder habe er zu allerhand Ungehorsam gegen den Schulmeister aufgehetzt und sei er „zue aller widerspenstigkait, damit sie menniklichen zu trutzen understanden, vohrgeher gewesen;" durch sein Betragen habe er „etliche ehrliche leutt zum theil sich seiner kirchen lange zeit zu enteußern, zum theil sich gar zur ev. kirchen" zu wenden veranlaßt; den Rath schmähe er; er kehre sich nicht an seine Anordnungen und verreise ohne Urlaub oft Tage, ja Wochen; in öffentlichen Gasthäusern beziehe er sich mit jungen Burschen und singe unzüchtige Lieder; vor etlichen Jahren hätten ihn vom Schweinmahle an S. Stephan vier Männer auf einer Mistbohre heimtragen müssen; letzte Fasnacht habe er auf offener Gasse, „als er in sein gewohnlich gunkelhauß gehen wöllen," ehrsame Jungfrauen auf's ungebührlichste „angetastet und haimbgesucht;" bei Tag und Nacht gehe er an „verdächtlichen orten" aus und ein; er sei nachts mit „bloßer wöhr" unter dem Rocke auf der Straße gesehen; mehrfach habe er im Rausche verheiratheten und ledigen Weibern die unverschämtesten Zumuthungen gemacht. „Summa," schließt der Bericht, „nichts ist so grob, nichts so unverschämbt, nichts so frävelich, welches diser mensch, will nicht sagen, inn's herz und gedanken nemen, sundern frei mit worten und werken auslassen dörfe, seittemalen er niemant schont, niemant scheucht, niemant ehrt, iedermann verachtet, iedermann trutzet; aber wie er iedermann zuwider ist, alß geschicht es auß billichem urtel Gottes, das hinwiderumb auch er als ain misanthropus iedermann und wie seinem ver-

Gleichwohl bewahrte, wie es scheint, der Rath auch ihm gegenüber stets seine zaghafte Mäßigung und suchte ihn soviel als möglich durch Nachgeben zufrieden zu stellen.¹) Das Verhältniß des Rathes und der protestantischen Bürger zu den katholischen scheint ein durchaus freundliches gewesen zu sein.²) Die Zahl dieser nahm indeß — wohl weniger in Folge der politischen Verhältnisse und der Anziehungskraft einer starken Mehrheit als in Folge der Untüchtigkeit der Pfarrer — auch noch nach dem ersten Umschlag der Verhältnisse außerordentlich ab: während sie 1559 noch ein Fünftel der Bürgerschaft ausmachten, bildeten sie 1584 kaum mehr ein Zehntel derselben.³) Es schien, als werde sich die völlige Protestantisirung der Stadt allmählich von selbst vollziehen.⁴)

---

schulden nach der welt, also zweifelsohne auch Gott und allen keuschen und rainen gaistern verhaßt ist." -- Aehnlich schilderte der Rath schon 1584 Febr. 21. den Pfarrer seinem Bischofe. St. A. 373/61 f. 21. — Diese Berichte mögen die Farben stark auftragen, im Wesentlichen entsprechen sie jedoch ohne Zweifel der Wahrheit. Drei Ehefrauen wurden 1588 wegen eingestandener Vergehen mit H. abgestraft, [A. a. O. f. 135 und B. A.] und seine Unverträglichkeit, Schmähsucht und Unmäßigkeit im Trinken, sowie daß er guten Theils an der Erbitterung gegen die Katholiken und dem Abfalle mancher aus diesen Schuld trage, bestätigen unverdächtige katholischen Zeugen. [Abt v. Irrsee an d. angeb. Generalvikar, 1587 Dez. 11. St. A. 373/61 f. 44; Subdelegirte des Bischofs an diesen, 1588 Sept. 20, B. A. und Ilsung an dens. 1588, B. A.] Nichts kennzeichnet wohl die traurigen kirchlichen Zustände jener Zeit mehr, als daß ein Mensch wie Heinz elf Jahre in dem fast ganz protestantischen Ksp. gelassen wurde.

1) Der Pfarrer habe ihm „in allweg trutz und verachtung" bewiesen, klagt der Rath 1584 Febr. 21 dem B. v. Augsburg; „nichtsdestoweniger haben wir als die gütigern umb den gelibten friden zwischen unserer bürgerschaft zu erhalten, im in vil weg mer dan genug nachgesehen und ime mit bauung und in andere weg willfahrt, dessen uns seine vorfahren nit anmuten dörfen." Die Rathsprot. enthalten nur zwei einschlägige Bemerkungen, von welchen jedoch die erste eine sehr gewichtige Bestätigung der Versicherung des Rathes enthält; 1578 März 18 willigen nämlich die Prediger dem Rathe zu Ehren ein, Mariä Verkündigung statt Montag nach Palmsonntag am Samstag vorher zu feiern, wie es der Pfarrer angeordnet; 1580 Aug. 12. wird Heinz der Umbau seines Kellers bewilligt.

2) Nicht nur traten bei der Kommissionshandlung von 1588 die kath. Rathsherren für ihre prot. Amtsgenossen ein, sondern es kommen auch keine Klagen der kath. Bürger in Bezug auf die Zeit vor 1583 vor.

3) Kath. Beschwerdeschrift aus d. J. 1584 St. A. 373/61 f. 69 ff. Uebereinstimmend geben das Verhältniß alle Rathsberichte aus dem J. 1588 an

4) Zur Protestantisirung der Ksp. unterthänigen Dörfer war bisher noch kein Versuch gemacht; der Rath hielt sogar die Prediger aus Besorgniß vor Händeln mit den geistlichen Nachbarn davon ab, [Rathsprot.] und so blieb denn das Gebiet der Stadt rein katholisch.

## II.

Die Besorgniß des kaufbeurer Rathes, daß die vollzogenen Neuerungen durch die Reichsbehörden rückgängig gemacht werden könnten, welche ihn, mit jener außerordentlichen Behutsamkeit aufzutreten, bestimmte, war, soviel die Einführung des Protestantismus und die Besetzung des Rathes mit Anhängern desselben angeht, der rechtlichen Lage der Dinge nach nicht begründet, denn unzweifelhaft stand die Einführung der augsburgischen Confession dem Rathe wie allen anderen Reichsständen vermöge §. 15[1]) des Religionsfriedens frei, und ebenso unzweifelhaft war die Bestimmung der Wahlordnung Karls V., welche die Behörden und Aemter soweit es möglich, nur mit Katholiken zu besetzen befahl, als das Reformationsrecht der Stadt beschränkend durch die sogenannte clausula derogatoria, den §. 28,[2]) des augsburger Vertrages entkräftet.

Nicht so klar liegt die Rechtsfrage hinsichtlich der Beeinträchtigungen des kath. Bekenntnisses, zu welchen sich, wie erwähnt, der Rath selbst nicht berechtigt glaubte. Der Religionsfriede enthielt gemäß der Halbheit und Hinterhaltigkeit, die ihn kennzeichnet, nur [im §. 27][3]) die Bestimmung, daß in denjenigen Reichsstädten, in welchen 1555 das katholische und

---

1) „Und damit solcher fried u. s. w. sollen die kais. mt. u. s. w. keinen stand des reichs von wegen der A. C. und derselbigen lehr religion und glaubens halb mit der that gewaltiger weiß überziehen u. s. w. oder in andere wege wieder sein conscienz, wissen und willen von dieser A. C. religion, glauben, kirchengebräuchen, ordnungen und ceremonien, so sie aufgerichtet oder nachmals aufrichten möchten, — — — — tringen u. s. w."

2) „Und soll das in hievorigen reichsabschieden, ordnungen oder sonst begriffen und versehen, so diesem friedstand in allem seinem begriff, articuln und punkten zuwider sein oder verstanden werden möchte, demselbigen nichts benehmen, derogiren noch abbrechen u. s. w."

3) „Nachdem aber in vielen frei und reichsstädten die beede religionen — — — ein zeit hero in gang und gebrauch gewesen, so sollen dieselbigen hinfüro auch also bleiben und in denselben städten gehalten werden, und derselben frei und reichsstädt bürger und andere einwohner, geistlichs und weltlichs stands friedlich und ruhig bei und neben einander wohnen, und kein theil des andern religion, kirchengebrauch und ceremonien abzuthun oder ihn davon zu dringen unterstehen u. s. w."

evangelische Bekenntniß neben einander geübt wurden, keines in seinem
Besitzstande beeinträchtigt werden dürfe; man war also hinsichtlich jener
Reichsstädte, in welchen 1555 nur ein Bekenntniß in Uebung gewesen,
auf Schlüsse aus den Satzungen des Vertrages und den Vorverhandlungen angewiesen, die natürlich je nach Bedürfniß sehr verschieden aus-
fielen.¹) Bei dem laufbearer Handel vermieden der Kaiser und seine
Bevollmächtigten auf eine Erörterung der Rechtsfrage einzugehen; zu
einer solchen kam es nur seitens des Rathes und seiner Freunde,
sowie 1602 seitens des Anwaltes der katholischen Bürger. Letzterer
nahm einfach die Bestimmung des §. 27 auch für seine Schutzbefohlenen
in Anspruch²), was, wie bemerkt, durchaus unberechtigt war. Der Rath
versuchte 1588 von seiner Auffassung des Religionsfriedens ausgehend,
den kaiserlichen Bevollmächtigten darzuthun, daß die kirchlichen Verhältnisse, wie sie bestanden, nicht erst nach 1555 geschaffen seien.³) Später
gab er diese gewagte Art der Rechtfertigung ziemlich auf, und verfocht
in erster Reihe die ihm von Ulm⁴) an die Hand gegebene Auslegung,
daß die 1555 nicht gemischten Reichsstädte vermöge §. 15 des Religionsfriedens, welcher den Reichsständen das „ius reformandi" gab,⁵) befugt
seien, „das pabstumb gar abzuthun," und die Bürger sich nach der
Obrigkeit zu richten hätten.⁶) Gegen diese Deutung wurde jedoch von
protestantischer Seite selbst Verwahrung eingelegt,⁷) denn gerade sie war
es ja, deren Richtigkeit man den katholischen Ständen gegenüber in
Rücksicht auf Köln, Achen, Weil, Gmünd, Biberach u. s. w. fort und
fort bestritt, indem man geltend machte, daß die Bürger der Reichsstädte

---

1) Vgl. Ritter, Gesch. der d. Union, I, 13.
2) K. A. vol. II. f. 227 ff., 449 ff.
3) K. A. lit. A. f. 240 ff., St. A. 373/61 f. 45 u. 308/4 f. 293 ff.
4) Prot. des schwäb. Kreistages 1588 Nov. 18. K. A. lit. A. f. 315, Gutachten der ulmer Anwälte, 1601, das. vol II p. 1 ff.
5) Eichhorn, Deutsche Staats- und Rechts-Gesch. IV, 129 und 164, scheint der Ansicht,
daß den Ständen das Recht ihre Unterthanen zur Annahme ihres Glaubens zu zwingen durch
den Religionsfrieden nicht verliehen sei; allerdings sprach derselbe es ihnen nicht ausdrücklich zu, die Katholiken traten jedoch bei den Verhandlungen offen für den Satz
ein: „ubi unus dominus, ibi una sit religio," [Lehmann, De pace rel: I, 48,
36, 38 u. f. w.] und die Protestanten beanspruchten zwar für die Unterthanen geistlicher Stände Freiheit der Glaubensübung, vermieden aber stets, sie den ihren zuzu-
sprechen, ja sie erklärten, die kath. Unterthanen dulden zu wollen, „so sie ruhig und
friedlich leben und sich der öffentlichen Uebung ihres glaubens und kirchenceremonien
enthalten," [Lehman I, 36] was doch mit dem Glaubenszwang fast gleichbedeutend
war, wie sie ihn denn auch von Anfang an ausübten.
5) K. lit. A. f. 396, lit. B. f. 23, vol. II f. 481 u. p. 559.
7) Hz. Ludwig v. Württemberg an Ulm. 1589 Jan. 22., K. A. lit. B. f. 5
und Verbesserungen zum Entwurf der Verantwortung des Rathes zu Kfb. das. f. 90.

nicht eigentliche Unterthanen seien, sondern an der Reichsstandschaft
Theil hätten, und mithin des in §. 15 den Reichsständen verliehenen
Rechtes, die Uebung der augsburger Confession anzustellen, fähig seien.¹) Diese
Folgerung war nicht richtig, denn die Bürger hatten nicht an der thätigen
Reichsstandschaft Theil und die Einführung einer Glaubensübung stand
daher, wie alle anderen Regierungshandlungen, ausschließlich dem Rathe
zu;²) daß sie aber die ruhende Reichsstandschaft besaßen, und vermöge
dieser ihnen die Schutzbestimmungen des §. 15, beziehungsweise 16,³) zu-
gute kamen, war bei den Verhandlungen über den §. 27 ausdrücklich
anerkannt. König Ferdinand begründete nämlich seinen Antrag, diesen
einzuschalten, damit, daß es billig sei, da alle Bürger einer Reichsstadt dem Reiche unmittelbar unterworfen, sie ebenso, wie die höheren
Stände der Freiheit, bei ihrem Glauben zu bleiben, genießen zu lassen,
und es ungerecht sein würde, wenn die Mehrheit der Bürger, die Minderheit von ihrem Glauben zu drängen, befugt sein sollte, „dieweil doch
gleich über seines gleichen keinen gewalt" habe.⁴) Dieser Anschauung
wurde von keiner Seite widersprochen,⁵) vielmehr erhielt die Ausführung
des Königs durch die Annahme der auf sie gegründeten Satzungen seitens
aller Reichsstände [außer Straßburg]⁶) die Bedeutung einer gesetzkräftigen
Erläuterung, wie sie denn auch von den Protestanten später als solche
angezogen wird.⁷) Waren nun demnach die Katholiken zu Kaufbeuren

---

1) Lehmann, I, 99, 100, 206, 218, 251 ꝛc.
2) Selbst die Reichsstädte A. C. erklärten 1582 in einem Fürschreiben für die
kölner Protestanten, die Bürger seien nicht befugt, die Uebung der A. C. eigenmäch-
tig anzustellen, da sie hinsichtlich der Stadt „nur privati;" doch, fügten sie bei, dürfe
der Rath ihnen als reichsunmittelbaren dieselbe auf Anhalten nicht versagen.
Lehmann I, 415; Vgl. K. Maximilians II. Bescheid auf die prot. Beschwerden beim
Reichstage von 1566 wegen Dinkelsbühl. A. a. O. 115.
3) „Dargegen sollen die stände, so der A. C. verwandt, die röm. kais. mt., uns
[Kg. Ferdinand] und churfürsten, fürsten und andere des hl. reichs ständ, der alten
religion anhängig, — — — — — gleicher gestalt bei ihrer religion, glauben,
kirchengebräuchen, ordnungen und ceremonien — — — — unbeschwert bleiben
— — — lassen."
4) Lehmann, I, 36.
5) Lehmann, I, 38 ff., 43. Inwiefern die Ansicht über die Reichsstandschaft
der Bürger staatsrechtlich begründet war, zu untersuchen, ist hier nicht der Ort.
6) Röhrich, Gesch. d. Ref. im Elsaß III, 39, ff. Die Gründe Straßburgs
gegen den §. 27 liegen in seinen kirchl. Verhältnissen.
7) 1598 beim Reichstage, Lehmann, I, 251. Vgl. das Gesuch der Reichsstädte
A. C an die Churfürsten und Fürsten A. C. 1582, und die Eingabe der kölner
Protestanten an das Kammergericht, A. a. O. I, 413 ff. u. 412. Beim Chur-
fürstentag v. 1575 berufen sich die weltlichen Churfürsten dem Wortlaute bei Lehmann
[I, 124] nach auf eine Erklärung Maximilians II. zu Gunsten der Reichsstadtbürger,

der Schutzbestimmungen des §. 16 theilhaftig, so konnten sie fordern, daß ihnen der Besitzstand von 1555 belassen, beziehungsweise hergestellt werde. Gegen dieses Recht konnte der Rath hinsichtlich der Martinskirche weder den Vertrag von 1557 noch seinen Patronat geltend machen, denn zum Abschluß jenes war Schorer, wie er selbst hervorhob durchaus nicht befugt, und trotz diesem gehörte die Kirche nicht dem Rathe, sondern der katholischen Gemeinde: er mußte daher, so lange eine solche bestand, ganz wie ein Reichsfürst für seine im Gebiete andersgläubiger Stände gelegenen Patronatspfarren nach wie vor einen katholischen Priester zum Pfarrer vorschlagen,¹) und durfte die Katholiken auch sonst nicht im Besitze der Kirche beeinträchtigen, wie es durch die Mitbenützung immerhin geschah. Unberechtigt aber war hinwiederum auch der im Verlaufe der Kommissionshandlung von den Katholiken erhobene Anspruch auf die Rückgabe der 1555 nicht mehr benützten Kirchen, auf die Herstellung der damals schon eingegangenen Kaplaneien und Stiftungen und auf die Auslieferung der Einkünfte und Gefälle, welche der Rath bereits vor 1555 zu seinen Handen gezogen hatte und in Betreff deren mithin §. 19²) des augsburger Vertrages galt.

Wir sehen, die Auffassung des Religionsfriedens, welche den Rath bei seinem bisher geschilderten Vorgehen beeinflußte, entsprach im Wesentlichen der wirklichen Lage des Rechtes. Schon die Durchführung dieses allein mußte höchst drückend werden, da die Martinskirche die einzige in der Stadt war, welche der evangelischen Gemeinde hinlänglichen Raum bot, und die Unterhaltung zweier Pfarrer, zweier Kapläne, zweier katholischen Schulmeister u. s. w. neben den evangelischen Predigern, Lehrern und Kirchendienern die Geldkräfte der kleinen Stadt überstieg: doch war, wie sich die Dinge im Reiche mehr und mehr entwickelten, vorauszusehen, daß die katholische Partei, wenn sie einmal die Zustände in Kaufbeuren anfocht, sich nicht mit der Herstellung des Rechtszustandes begnügen, sondern jene vom Rathe befürchtete völlige Reaktion anstreben würde.

---

doch muß hier eine Auslassung vorliegen und kann nur die Erläuterung Ferdinands II. gemeint sein. Seltsamer Weise führt der Rath zu Kfb. in einer Schrift vom 18. Febr. 1602 [K. A. vol. II f. 481 ff.] die „declaratio" Ferdinands an, um zu beweisen, daß man 1557 das Recht gehabt, die A. C. einzuführen; und noch seltsamer ist, daß die Katholiken diese Anführung auf die declaratio Ferdinandea über die Unterthanen geistl. Stände beziehen. [A. a. O. f. 213.]

1) Diesen Grundsatz machen kath. und prot. Stände wiederholt geltend. Lehmann, I, 81, 88, 168, 242 u. s. w.

2) „Dieweil aber etliche stände und derselben vorfahren etliche stifter, klöster und andere geistliche güter eingezogen und dieselbigen zu kirchen, schulen, milten und andern sachen angewandt, so sollen auch solche eingezogene güter — — — — in diesem friedstand mitbegriffen und eingezogen sein."

Indes wäre es, nachdem 1559 die Einmischung des Kaisers glücklich abgewendet worden, wohl keinesfalls mehr zu einer solchen gekommen, wenn der Friede erhalten und nicht auf's Neue Anlaß zu Zwiespalt gegeben wäre. Dies geschah jedoch, als die Katholiken auf Befehl des Bischofs von Augsburg am 20. Februar 1583 den verbesserten Kalender annahmen,[1]) während der Rath mit den protestantischen Bürgern an dem alten festhielt.) Es liegt auf der Hand, welche Verwirrung und Erbitterung es namentlich bei so engem Zusammenleben der Religionsparteien wie in Kaufbeuren hervorrufen mußte, wenn nun plötzlich die Tage von ihnen verschieden gezählt wurden, die bisher gemeinschaftlich gefeierten Feste, deren Zahl noch sehr groß war, auseinander fielen, und die Katholiken an den protestantischen, die Protestanten an den katholischen Feiertagen, die in die Woche trafen, ihrer Arbeit nachgiengen. Dazu war ja der Pfarrer Heinz so recht der Mann, um den Zwiespalt zu verschärfen. Selbst der Rath vergaß seine so lange beobachtete Mäßigung und es kam nun auch in Kaufbeuren zu jenen kleinlichen Plackereien und schnöden Verhöhnungen des katholischen Gottesdienstes, welche das Kennzeichen der Jämmerlichkeit sind, in der sich das deutsche Leben jener Tage namentlich in den kleinen Städten verlief. Am katholischen Charfreitage drosch der Meßner in der Pfarrkirche sein Getreide.[2]) Am Ostersonntage zogen die Prediger die Abendmahlsfeier bis halb 10 Uhr hin, und schon um 11 Uhr vertrieben die Protestanten, zur Mittagspredigt zurückkehrend, die Katholiken, während der Pfarrer noch am Altar stand, wieder aus den Bänken. Am Feste Christi Himmelfahrt wollte der Bürgermeister nicht wie sonst die Zimmerleute schicken, um das Christusbild in der Martinskirche aufzuziehen. In der Fronleichnams-Octav unterließ er es, die Stadtdiener zu den Umgängen zu senden: da „seint die lutherischen weberpuben fast unzüchtig und mutwillig gewesen mit stossen, mit zungenausrecken, mit danzung und bedecktem haubt;" als zwei katholische Bürger zwei Buben dafür züchtigten, hielt sie der Rath etliche Tage in Haft; die Buben wurden so wenig gestraft, wie später die Söhne des Bürgermeisters Bonrieder, des Stadtanwalts Bonrieder und des einen Predigers, welche in das Chor der Martinskirche einstiegen, ihre Nothdurft auf dem Karren, worauf der Palmesel stand, verrichteten, einen großen Schneeballen dazu legten, den Karren im Chor hinaufführten und ein Vigilienbuch auf den Unflath legten.[3])

---

1) Ueber die Einführung des neuen Kalenders in Kfb. liegen keine Nachrichten vor, doch erfolgte sie unzweifelhaft, wie oben angegeben, zur selben Zeit wie im übrigen Sprengel des Bisthums.

2) Diese an sich höchst unwahrscheinliche Angabe bestätigten 1604 mehrere Bürger den kais. Bevollmächtigten. Verhörsprot. 1604. B. A.

3) „Beschwerdartikel des pfarrers zu K. was ime seiter er zu Dillingen gewesen,

Solche Vorfälle mußten die Erbitterung natürlich auf's Höchste steigern, und bald scheint es unter den Bürgern zu bösen Händeln gekommen zu sein. ¹)

Hindernisse legte der Rath anfangs der Beobachtung des neuen Kalenders nicht in den Weg; ²) gegen Ende Juni jedoch verbot er das Vesperläuten an den Vorabenden in die Woche fallender kleiner Feiertage; ³) bald darauf erließ er den Befehl, daß Jedermann an den Festen des alten Kalenders sich der Arbeit enthalten solle, ⁴) eine Verordnung, welche die völlige Verarmung der meist nicht sehr wohlhabenden Katholiken oder — was denn auch geschah — die Nichtbeobachtung der katholischen Feste zur Folge haben mußte; ⁵) der Kantor und die katholischen Kinder wurden gezwungen, an diesen die Schule zu besuchen. ⁶) Als dann Weihnachten herannahte, wies der Rath den Pfarrer an, zur Christmette nicht läuten zu lassen, und da Heinz, nach einem vergeblichen Versuche die Zurücknahme dieses Befehles zu erwirken, sich wiederholt äußerte, er werde sich an das Verbot nicht kehren, ließ man in der Christnacht die Glockenseile in die Höhe ziehen und den Thurm durch Bewaffnete bewachen. ⁷)

Diese Maßregeln des Rathes waren der verschwindenden katholischen Minderheit gegenüber allerdings zu entschuldigen und vielleicht erschienen sie durch polizeiliche Rücksichten geboten, in jedem Falle aber waren sie höchst unklug, denn es ließ sich voraussehen, daß, wenn nicht die erbitterte und bedrückte katholische Bürgerschaft, so doch sicher Heinz eilen würde, sich bei der geistlichen Obrigkeit über die der Ausführung ihres Befehles entgegengestellten Hindernisse zu beschweren. Wirklich hatte sich

---

begegnet." 1584 B. A. In einer etwas veränderten Fassung aus dem Jahre 1588 liegen sie St. A. 373/61 f. 107 vor, wo sich f. 99 ff. in einem Berichte aus demselben Jahre eine dritte Darstellung eines Theils der oben erwähnten Vorgänge findet.

1) Der Rath sagt nämlich 1584 März 2 dem Bischofe von Augsburg, er sei zu dem Verbote der Arbeit an den Festen des alten Kalenders [1583 Juli 12] genöthigt gewesen, weil er „schon im werk verspürt, zu was verbitterung der gemüeter und endlicher thätlicher handlung die anrichtung solchen neuen calenders gelangen wollen." St. A. 373/61. f. 21. ff.

2) Heinz sagt in seinem Beschwerdart., der Rath habe zuerst selbst den neuen Kalender angenommen; offenbar ist das unwahr.

3) Heinz an den augsb. Gen. Vikar, 1583 Dez. 20. B. A. 1588 erklärte der Rath, dies Verbot sei erlassen, weil die Gesellen nach dem Vesperläuten nicht mehr arbeiten wollten. St. A. 308/36 f. 41 ff.

4) Rathsprot. 1583 Juli 2. a. St. Diese Verordnung hielt der Rath auch für seine ganz kath. Dörfer aufrecht. Rathsprot. 1584 Febr. 6. a. St.

5) Heinz an d. augsb. Gen. Vikar 1583 Dez. 20. B. A.

6) „Beschwerdart." u. f. w.

7) Heinz an d. augsb. Gen. Vikar, 1583 Dez. 20. und „Beschwerdart". B. A

denn auch Deusdedit schon gleich, nachdem das Verbot des Vesperläutens erlassen war, nach Augsburg begeben und sich bei dem Generalvikar beklagt; er war jedoch vertröstet worden, der Kaiser werde binnen Kurzem eine Einigung über den Kalender unter den Reichsständen erwirken; bis dahin möge er sich gedulden und dem Befehle des Rathes nachkommen. Als nun das Läuten in der Christnacht untersagt wurde, wandte er sich auf's Neue an den Vikar, berichtete über dieses Verbot und das der Arbeit an den evangelischen Festen und bat um Schutz, da es dem Rathe offenbar nur um die Vernichtung des Catholicismus zu thun sei; bereits habe man gedroht, fügte er in einer Beschwerdeschrift, welche die oben erwähnten Störungen und Verhöhnungen des katholischen Gottesdienstes aufzählte, bei, man werde ihn zur Abdankung zwingen und dann die Pfarre nicht mehr besetzen; die beiden Bürgermeister hätten, wie verlaute, zusammengeschworen, nicht zu ruhen, bis die Katholiken vertrieben.¹)

Der Generalvikar wies Heinz wiederum an, sich dem Befehle des Rathes zu fügen,²) machte jetzt aber auch dem Bischof Marquard darüber Mittheilung und drang darauf, daß „solch gottlose grobheit denen von Kauffbeuren mit ernst verweißt" werde.³) Marquard ließ alsbald den Pfarrer seine Beschwerden gegen die Stadtobrigkeit in Form eines Berichtes an ihn zusammenstellen.⁴) In diesem wurde — wohl auf Weisung des Bischofs, der unnöthige Erbitterung und Weitläufigkeit vermeiden wollte — jener Vorfälle, welche die dem Generalvikar überschickte Beschwerdeschrift füllten, gar nicht gedacht, sondern nur das Verbot des Läutens, die Untersagung der Arbeit an den evangelischen Feiertagen und die Maßregeln des Rathes hinsichtlich der Christnachtfeier erzählt, an erster Stelle aber geklagt, wie jener erst während der Amtsführung Deusdedits die Mittagspredigt aus der Frauenkirche in die zu St. Martin verlegt; wie die Chorknaben von acht auf sechs vermindert und unter diese schon ein evangelischer aufgenommen; wie nach Entlassung des früheren tüchtigen Kantors wegen Streitigkeiten mit dem Schulmeister die Stelle fast vier Monate unbesetzt gelassen und dann durch Entziehung des Tisches im Spital so verschlechtert worden, daß kein tüchtiger Mann mehr dafür zu finden; wie die katholischen Rathsherren vom Gottesdienste und Kreuzgängen zu Sitzungen abgerufen

---

1) 1583 Dez. 20. B. A.
2) 1583 Dez. 23. B. A.
3) 1584 Jan. 13. B. A. Die Bischöfe von Augsburg weilten bekanntlich zu Dillingen, während das Kapitel in Augsburg selbst war.
4) Die betreffenden Schreiben des Bischofs, Vikars und Pfarrers liegen nicht vor; obiges ist dem Berichte des letzteren [St. A. 373/61 f. 15 ff.] entnommen.

würden, und wie er, der Pfarrer, von dem unkatholischen Meßner „alle tag verächtlichen unfleiß" erfahren müsse. Diese Angaben boten hinlänglich Stoff, um gegen den Rath auf Grund des Religionsfriedens eine Klage anzustrengen oder ihm wenigstens eine solche in Aussicht zu stellen, und dadurch hinsichtlich der Zulassung des neuen Kalenders einen Druck auf ihn auszuüben; Marquard mochte jedoch scheuen, sich wegen der theils nicht gerade erheblichen, theils mit den allgemeinen Streitigkeiten im Reiche zusammenhängenden Beschwerden in ernstliche Händel, die ihn leicht in Verwickelungen mit den übrigen protestantischen Reichsständen bringen konnten, einzulassen: er beschränkte sich darauf, dem Rathe den Bericht des Pfarrers mit einem fast schüchtern gehaltenen Begleitschreiben zu übersenden, in welchem er anzeigte, er werde demnächst jemanden abordnen, um etwaige Gegenbeschwerden und die Verantwortung des Rathes zu vernehmen, und einen Vergleich zu vermitteln.¹) Der Rath beeilte sich dieser Abordnung zuvor zu kommen: fast umgehend schickte er dem Bischofe einen weitläufigen Gegenbericht,²) worin er einerseits die Klagen des „unruewigen pfarhern" — die, wie dessen Nachlässigkeit im Amte und sein schlechtes Leben zeigten, nicht um der Ehre Gottes und der Pfarrkinder Heil willen, sondern nur aus Zanksucht erhoben seien — nicht immer ganz der Wahrheit gemäß als durchaus unbegründet, andererseits seine Maßregeln als berechtigt und nothwendig darstellte, und schließlich, sich zu aller möglichen Rücksichtsnahme für die Katholiken erbietend, den Bischof anging, den trotzigen, hochmüthigen Pfarrer zur Ruhe zu verweisen, da sonst die Bürgerschaft „aus ungedult etwas fürnehmen möchte." Mit dieser Antwort gab sich Marquard zufrieden und ermahnte den Rath nur noch, seinem Erbieten, die Katholiken nicht zu beschweren, wirklich nachzukommen, wogegen er Vorsorge tragen werde, daß sich der Pfarrer hinfort priesterlich verhalte.³)

So wenig wie der Bischof dieses sein Versprechen erfüllte, sah sich natürlich auch der Rath durch dessen laues Auftreten zur Zurücknahme seiner Anordnungen veranlaßt. Die Lage der Katholiken blieb so ungünstig wie zuvor. Da wurde um die Mitte des Jahres 1586 — wir wissen nicht durch wen — ⁴) der kaiserliche Hof auf dieselbe aufmerksam

---

1) K. A. lit. A. f. 176. 1584 Febr. 25.
2) St. A. 373/61 f. 21 ff. 1584 März 2.
3) B. A. 1584 März 17.
4) In den Vorverhandlungen der später ernannten kais. Kommissäre heißt es: der Pfarrer und die kath. Bürger hätten ihre Beschwerden insgeheim dem Kaiser angebracht, [St. A. 373/61 f. 75] und 1602 Nov. 3 schreibt Hz. Wilhelm v. Baiern an Kfb. „Wessen sich vor diesem die der cath. religion verwohnte — — — bei der röm. kais. mt. — — — beschwert" u. s. w. [K. A. vol. I, 89.] Da jedoch in der

gemacht. Hier war man wie stets bereit, sich der Katholiken anzunehmen, gieng aber — wie es scheint, weil man zweifelte, ob der zu erreichende Erfolg den bei einer Einmischung zu erwartenden Unwillen der protestantischen Stände aufwiege — zurückhaltender als sonst zu Werke. Man beauftragte nämlich [am 9. Januar 1587] den Abt Albrecht von Kempten, den baierischen Pfleger zu Landsberg, Schweikhart Grafen zu Helfenstein, und den Reichspfennigmeister und kaiserlichen Rath Johann Achilles Ilsung, Herrn zu Künenberg und Lindau,[1]) da der Kaiser Nachricht habe, daß die Katholiken zu Kaufbeuren dem Religionsfrieden zuwider beschwert würden, und die Protestanten sich nicht an der Spitalkirche [sic] genügen ließen, sondern in die Pfarrkirche eindrängen und einen sektischen Prädikanten, Schulmeister und Meßner einführten, sich in der Stille über den Grund dieser Klagen und das ganze Religionswesen in der Stadt, „sonderlich aber wie hoch sich die anzal einer und der andern religionsverwandten ungevärlich erstrecke," zu erkundigen.[2]) Die Beauftragten ließen lange auf Antwort warten, denn merkwürdiger Weise wußten sie, die der Stadt so nahe gesessen, beinahe nichts über die dortigen Verhältnisse und die Geschichte ihrer Entwickelung, und da sie, um die Sache geheim zu halten, nicht in Kaufbeuren selbst Erkundigungen einziehen mochten, so konnten sie lange nichts Näheres erfahren; als aber endlich Ilsung von den Verhandlungen, welche Bischof Marquard 1584 gepflogen, Kunde erhielt, dauerte es geraume Zeit, ehe von diesem der Bitte um Mittheilung der gewechselten Schriften entsprochen wurde.[3]) Mit Hinweis auf diese empfahlen die Kommissäre darauf dem Kaiser, den Bischof seiner Pflicht zu erinnern und ihm zur

---

Beschwerde wie aus dem kaif. Aufträge v. 25. März 1588 hervorgeht, auf die Verträge von 1557 hingewiesen worden, kann sie nicht der Pfarrer, der von diesen keine Kenntniß hatte, [Heinz an den augsb. Fiskal 1588 Mai 12, B. A.] verfaßt haben, und da statt der Frauenkirche die Spitalkirche als ursprünglich von den Protestanten benützt angegeben, des Aufruhrs von 1557 u. s. w. aber nicht gedacht war, kann auch ein Bürger nicht der Kläger gewesen sein. An Bischof Marquard ist nicht zu denken, da er nicht mehr über die Vorgänge in Kfb. wußte, als ihm Heinz mitgetheilt hatte, und er vor allem die Kalenderirrungen hervorgehoben haben würde, von denen dem Kaiser keine Mittheilung gemacht zu sein scheint. Merkwürdiger Weise wurde die diesem angebrachte Klage weder den mit weiterer Erkundigung noch den mit der Handlung in Kfb. Betrauten zugestellt.

1) Er war schon in den fuldaer Wirren des Kaisers Bevollmächtigter neben Erzhz. Maximilian.

2) St. A. 373/61 f. 37.

3) So sagen die Beauftragten in ihrem Berichte an den Kaiser: ausgestellt ist die Antwort Marquards auf Ilsungs Ansuchen vom 12. Juni am 22. St. A. 373/61 f. 39.

Unterstützung bei Ausübung derselben — wie er es in seiner Antwort an Ilsung angeregt — Bevollmächtigte beizuordnen. ¹)

Dies Gutachten wurde durch Herzog Wilhelm von Baiern [am 9. Oktober] nach Prag übersandt. In einem Begleitschreiben bat derselbe den Kaiser dringend, er möge die, wie verlaute, zur Richtigmachung der Irrungen in Kaufbeuren in Aussicht genommene weitere Kommission „nit einstellen, sonder die notturft darin furderlich bevelchen, dweil zu besorgen, es mechten sich andere darein schlagen, dise handlung noch weitleifiger machen und sich underftehen, die catholische daselb gar auszubreiben oder doch alles exercitium catholischer religion abzustellen, wie zu Ulm bescheen." Zugleich wies er seinen Agenten am kaiserlichen Hofe an, dem Reichsvizekanzler mitzutheilen: „Ob wir woll nit ursach, uns frembder handlung zu beladen, dweil wir uns aber auch schuldig erkennen, die catholische religion nach muglichait zu befurdern, werde uns nit zuwider sein, uns in diesser sachen neben dem von Augspurg ——— geprauchen zu lassen." ²)

Ohne Zweifel war es Helfenstein, der dem Herzoge über die kaufbeurer Angelegenheit Mittheilung gemacht, und ihn, sich derselben anzunehmen, ersucht hatte. ³) Daß sich Wilhelm sofort dazu bereit finden ließ, ja sich selbst zu dem ungewöhnlichen Anbieten seiner Dienste beim Kaiser verstand, darf man nicht eigennützigen Absichten zuschreiben. Das Ziel, welches er bei seiner Einmischung verfolgte, war kein anderes als jenes, welches überhaupt für seine Politik das leitende war.

Seitdem das tridentiner Konzil das Urtheil der Kirche über die von den Reformatoren erörterten Lehren festgestellt, in Rom eine kirchliche Gesinnung wieder die Herrschaft erlangt und die Jesuiten in Deutschland Eingang gefunden, hatte auch hier der religiöse Sinn unter den katholischen Ständen allmählich wieder zu erwachen begonnen. Zugleich trat die Gefahr der gänzlichen Vernichtung des Katholicismus immer näher, je ungescheuter die Protestanten trotz des Religionsfriedens Stift um Stift, Kloster um Kloster an sich rissen, je entschiedener sie sich weigerten, das Kammergericht oder den Kaiser als Richter über diese Vergewaltigungen anzuerkennen, je nachdrücklicher sie die Gültigkeit des geistlichen Vorbehaltes bestritten, und je offener sie, um ihre politischreligiösen Zwecke zu erreichen, die Grundlage der Reichsverfassung, die-

---

1) 1587 Sept. 11. St. A. 373/61 f. 1.
2) St. A. 373/61 f. 49 und 50.
3) Die Akten enthalten hierüber nichts; hätten jedoch die Kommissäre insgesammt sich an den Hz. gewandt, so würden sie auch in ihrem Berichte an den Kaiser auf ihn hingewiesen haben.

Entscheidung durch Stimmenmehrheit, anfochten. So wich denn die Gleichgültigkeit der katholischen Stände mehr und mehr dem regsten Eifer für ihren Glauben, und die Selbständigkeitsbestrebungen, welche ihnen mit den Protestanten gemein waren, traten hinter den kirchlichen zurück; diese wurden für ihre Politik maßgebend und immer allgemeiner und lebhafter richtete sich ihr Streben darauf, eine Gegenreformation durchzuführen, die Glaubens-Einheit und Reinheit in ihren Gebieten herzustellen, das der Kirche Gebliebene zu behaupten und das ihr dem Religionsfrieden zuwider Entzogene wieder zu gewinnen. Die geistlichen Fürsten konnten jedoch, von mächtigen protestantischen Nachbarn umgeben und großentheils protestantischen, sehr unabhängigen Landständen gegenüber, die Verwirklichung dieser Plane nur mit großer Vorsicht betreiben: mußte doch Abt Balthasar von Fulda den Versuch dazu mit dem Verluste des Stiftes büßen. Auch von den Kaisern war ein kräftiges Eintreten dafür nicht zu erwarten, denn abgesehen von der persönlichen Gesinnung Maximilians und der Unfähigkeit Rudolphs, sowie davon, daß von ihren Räthen selbst ein Theil dem Protestantismus anhieng, band ihnen die Rücksicht auf ihre fast ganz protestantischen Lande und die stete durch die Türkenkriege veranlaßte Geldverlegenheit, welche ihnen die Geneigtheit der evangelischen Reichsstände unentbehrlich machte, völlig die Hände. Nur Baiern konnte für die Restaurationspolitik eine Macht von Belang einsetzen. Seine Fürsten hatten ohne Schwanken der Kirche die eifrigste Anhänglichkeit bewahrt. Gegenüber den die „Libertät" der Reichsstände so sehr bedrohenden Bestrebungen Karls V., die ihnen um so mehr Besorgniß einflößten, als Baiern schon so schwere Verluste durch die Habsburger erlitten, hatten jedoch Wilhelm IV. und Ludwig, obgleich sie nach Innen der Neuerung auf's Entschiedenste entgegentraten, in ihrer Reichspolitik in sehr zweideutiger Weise zwischen ihren religiösen und ihren fürstlichen Zielen geschwankt. Ihr Nachfolger, Albrecht V., hatte dann den letzteren noch mehr Rechnung tragend bei den Verhandlungen zu Passau und Augsburg eine vermittelnde Stellung eingenommen, und unter dem Einflusse protestantisch gesinnter Rathgeber und dem Drucke stets wachsender Geldnoth seinen Ständen gegenüber eine Nachgiebigkeit gezeigt, die fast die Protestantisierung des Landes zur Folge gehabt hätte. Im Jahre 1564 aber trat ein völliger Umschwung ein. Das Auftreten der Protestanten beim Landtage von 1563 und die Entdeckung des Briefwechsels des Grafen von Ortenburg erfüllten, zumal gleichzeitig die grumbachischen Händel lebhafte Besorgnisse vor einer Erhebung des deutschen Adels gegen die Fürsten erweckten, den Herzog mit Mißtrauen und Unwillen gegen die protestantischen Stände, deren Führer von den Landtagen zu entfernen, zugleich jene Correspondenz Gelegenheit gab. Auch mochten die Vor-

3

stellungen, welche der Papst, Hosius und andere wegen der 1563 den Ständen gemachten Zusagen an ihn richteten, auf Albrecht einwirken. So erhielt denn der Kanzler Simon Eck überwiegenden Einfluß und dieser gab nun der inneren und äußeren Politik jene energische Richtung auf die Gegenreformation, welche sie hinfort bis zum Abschlusse des westfälischen Friedens kennzeichnet. Wilhelm V. verfolgte dieselbe, schon unter den Einwirkungen des neuen kirchlichen Lebens erwachsen und von tiefster Frömmigkeit erfüllt, mit der ganzen Entschiedenheit eines redlichen Herzens, welches keinen anderen als den Parteistandpunkt gelten läßt. Wie er sich die völlige Herstellung und Befestigung des Katholicismus in seinen Landen angelegen sein ließ, wie er seinen Schwager, Erzherzog Karl, dazu drängte, die gefahrvolle Gegen-Reformation in Innerösterreich zu beginnen, wie er allen Ernstes einen Versuch, Churfürst August von Sachsen zu bekehren, vorbereitete, wie er seinen widerstrebenden Bruder Ernst vermochte, den Kampf um das Churfürstenthum Köln aufzunehmen, wie er, obgleich mit Schulden überbürdet, ihn dabei eifrigst unterstützte, und unermüdlich überall für ihn thätig war, und wie er die Bemühungen seines Vaters, den landsberger Verein zu einem katholischen Bunde zu erweitern, fortsetzte, ist bekannt. Es lag dieser Thätigkeit Wilhelms nicht wie nachmals der seines großen Sohnes ein weitsichtig entworfener Plan zu Grunde, noch bestimmte ihn sein und seines Hauses Vortheil — dieser war ihm nur an zweiter Stelle maßgebend — die Triebfeder seines Handelns war jener fromme Glaubenseifer, welcher der Grundzug seines Wesens war, und welcher es ihm als die erste und heiligste seiner Herrscherpflichten erscheinen ließ, mit allen seinen Mitteln und unter allen Umständen für die kirchliche Wiederherstellung zu wirken. Wo immer sich eine Gelegenheit dazu bot, ergriff er sie mit einem Eifer, der vor keiner Schwierigkeit, keinem Opfer zurückscheute, und der ihn bei der erfolgreichsten seiner Unternehmungen, der kölner Fehde, in die schlimmsten Verwickelungen gestürzt hätte, wenn nicht die Uneinigkeit und Zerfahrenheit der Gegner und die spanischen Waffen ihm zu Hilfe gekommen wären. Er war eben durchaus kein Staatsmann; er war nichts als ein überaus frommer und eifriger Herr, welcher sich wie im eigenen Hause, so im Staate mit redlichstem Ernste bemühte, seine Pflichten zu erfüllen, was allein freilich schon hinreicht, ihn über die meisten deutschen Fürsten seiner Zeit weit zu erheben.

Von seinem einseitig katholischen Standpunkte aus erfaßte und behandelte nun Herzog Wilhelm auch die kaufbeurer Angelegenheit: ohne Eigennutz und ohne weitergehende Pläne zu hegen, wollte er den Beschwerden der Katholiken abhelfen, weil er sich dazu in seinem Gewissen und einer so machtlosen Nachbarstadt gegenüber wohl auch seiner Ehre halber „schuldig erkannte."

Am kaiserlichen Hofe war man jedoch nicht geneigt, die Dienste des Herzogs anzunehmen; einerseits mochte man es scheuen, durch seine Beauftragung der kaufbeurer Sache eine Bedeutung zu geben, welche sie nicht verdiente, und während die Abhaltung eines Reichstages zur Erlangung neuer Türkenhilfen immer nothwendiger wurde, das Mißvergnügen der protestantischen Stände zu erregen, anderseits aber und vielleicht zumeist mochte sich jene Eifersucht geltend machen, mit welcher man gerade die Restaurationspolitik des Herzogs beobachtete, seitdem der kölner Handel ihn bei die Gegenreformation Anstrebenden als Führer bezeichnet hatte, und er sich eifrig bemühte, die katholischen Stände zu einem Bunde zu vereinen. Man beschränkte sich darauf, ihm ein Schreiben an Bischof Marquard[1]) zu überschicken, in welchem man diesen erinnerte, daß es ihm vermöge seines Amtes obliege, in Kaufbeuren einzuschreiten; die dortigen Irrungen, hieß es weiter, rührten hauptsächlich von der gemeinsamen Benützung der Pfarrkirche her, guten Theils veranlasse sie aber auch, wie es scheine, der Pfarrer; des Rathes Verantwortung an den Bischof aus dem Jahre 1584 gebe Hoffnung, daß leicht abzuhelfen sein werde, wenn der Bischof durch „gute schibliche Leute" dahin handeln lasse, daß die Katholiken in ihrer Kirche und dem Gottesdienste nicht mehr beeinträchtigt würden,[2]) und vor allem den Pfarrer entferne; er möge daher baldigst seiner Pflicht nachkommen, wobei der Kaiser ihn durch ein Ermahnungsschreiben an den Rath unterstützen wolle.

Herzog Wilhelm ließ sich jedoch durch diese Zurückweisung nicht beirren, sondern bot nun dem Bischofe selbst bei Zustellung des kais. Schreibens seine Mitwirkung an.[3]) Marquard, der die Erledigung der Sache nicht für so leicht erachten konnte, wie jenes sie hinstellte, war gern bereit, die Hilfe anzunehmen, und bat [am 17. Dezember] den Kaiser unter Entschuldigung seiner bisherigen Saumseligkeit, ihm Bevollmächtigte und zwar vor allem den Herzog von Baiern beizugeben.[4]) Nun konnte man am kaiserlichen Hofe nicht wohl mehr ausweichen, ertheilte aber dem Herzoge [am 24. Januar 1588] nur den Auftrag, in der kaufbeurer Sache neben dem Bischofe handeln zu helfen, was zur Erhaltung des katholischen Glaubens und des Friedens dienlich.[5]) Darauf hin war ein nachdrückliches Einschreiten nicht möglich: der Herzog erschien — wie

---

1) Dieses v. 5. Nov. 1587, St. A. 373/61 f. 8. Das Begleitschreiben an den Hz. fehlt.

2) Es entspricht der Vorsicht und Zaghaftigkeit des kais. Hofes, daß man des Kalenderstreites nicht gedachte.

3) 1587 Nov. 22. B. A. Nachdem ihm Marquard seine Antwort an den Kaiser v. 17. Dez. mitgetheilt, wiederholte Wilhelm am 26. sein Anerbieten, das.

4) St. A. 373/61 f. 11.

5) A. a. O. f. 54.

der Bischof — nicht als kaiserlicher Kommissär, sondern nur als Beistand des von amtswegen einschreitenden Ordinarius, und man konnte mit dem Rathe nur bittweise handeln, für Forderungen hatte man keinen Rückhalt. Daher bat Wilhelm [am 24. Februar] mit Marquard den Kaiser, er möge ihnen, da der Rath die Befugniß des Bischofs als ordinarius loci sich einzumischen, vielleicht nicht anerkennen werde, einen offenen Auftrag, worin die Abtretung der Pfarrkirche seitens der Protestanten und Herstellung des Zustandes von 1555 befohlen, zusenden, auch ihnen einen oder mehrere seiner der Stadt nahegesessenen und dort bekannten Räthe beiordnen.[1]) Dieses Gesuch um eine förmliche „Exekutionskommission," welche durchaus rechtswidrig gewesen wäre, da noch kein Urtheil gefällt, der beschuldigte Theil noch nicht gehört, ja noch nicht einmal eine formelle Klage beim Reichshofrath angebracht war, und man selbst nicht wußte, ob der evangelische Gottesdienst vor oder nach dem Religionsfrieden in die Martinskirche eingeführt worden, entspricht ganz dem einseitigen Eifer des Herzogs, welchem seinen Restaurationszwecken gegenüber und in der Ueberzeugung, daß einmal das sachliche Recht auf Seiten der Katholiken sein müsse, wie in der kölner Sache das formelle Recht völlig nebensächlich erschien; die Gewährung seiner Forderung hätte jedoch den protestantischen Reichsständen zu den gerechtesten Klagen über die ohnehin so verhaßte Hofgerichtsbarkeit Stoff gegeben, und der Kaiser entsprach ihr daher nur scheinbar, indem er am 25. März 1588 den Bischof, den Herzog und Johann Achilles Ilsung beauftragte, die Kaufbeurer dahin zu weisen, daß sie die Katholiken, welche gegen frühere Verträge und den Religionsfrieden beschwert würden, in der Pfarrkirche und ihrer Glaubensübung forthin nicht beeinträchtigten, und das ganze Religionswesen in den Stand, wie er zur Zeit des Vertrags von 1555 gewesen, gesetzt werde; zugleich solle der Bischof auf Anstellung eines tauglichen Pfarrers bedacht sein.[2]) Hiermit überschritt der Kaiser seine Befugniß durchaus nicht, und wie heftig auch später die protestantischen Reichsstände sich über diese „ungleiche" Kommission beschwerten, so läßt sich doch nicht im mindesten eine Verpflichtung für den Kaiser, zu einer Unterhandlung und Untersuchung in Religionssachen Katholiken und Protestanten in gleicher Anzahl zu beauftragen, nachweisen,[3]) wenngleich dies allerdings dem Geiste des Passauer Vertrages und des Religionsfriedens entsprechen würde.[4])

---

1) A. a. O. f. 64. — 2) A. a. O. f. 71.

3) Dies gestehen selbst die ulmer Anwälte in einem Gutachten für Kfb. zu K. A. vol. II. f. 1 ff.

4) Vgl. in ersterem die Bestimmungen über das Kammergericht, in letzterem die über Streitigkeiten der Stände wegen kirchlicher Einkünfte.

Herzog Wilhelm konnte nicht hoffen, den Kaiser weiter zu drängen, auch ließ sich die Vollmacht ja unschwer als den Befehl zur Räumung der Kirche enthaltend auslegen. Es galt nun die Mitkommissäre für entschiedenes Auftreten zu stimmen.

Am 15. Mai kamen baierische und bischöfliche Räthe mit Ilsung in Augsburg zusammen, um sich über das einzuhaltende Verfahren zu verständigen. Einige weitere Nachrichten über die Verhältnisse in Kaufbeuren lagen vor. Man beschloß die Handlung in der Stadt selbst, doch wegen der einfallenden Feiertage erst am 4. Juni vorzunehmen, und dieselbe nur acht Tage vorher anzukündigen, sowie den kaiserlichen Auftrag nicht mit zu übersenden, damit der Stadt „nit anlaß geben werde, die sach an andere irer religionsgenossen reichsstätt gelangen zu lassen, und also ein gemein werk wie zuvor mer, sonderlich mit Ach geschehen, daraus zu machen." Die Sache selbst betreffend, einigte man sich, daß die Absetzung Heinzens erst anzubieten, wenn der Rath sich willfährig erzeige; da der Pfarrer nur 300 Gulden erhalte, die Stadt aber achtzehn Pfründen eingezogen haben solle, wolle man auf Vermehrung des Gehaltes bringen; wie bis vor einigen Jahren müßten auch in Zukunft ein katholischer Schulmeister und acht Chorknaben unterhalten werden, der unkatholische Meßner, der dazu ein loser Bube, sei durch einen katholischen zu ersetzen; die Feste ausschießlich nach dem neuen Kalender zu begehen, werde man, da derselbe allenthalben um Kaufbeuren in Gebrauch, den Katholiken unschwer gestatten. Die gutwillige Abtretung der Pfarrkirche zu erlangen, hielten die Versammelten, obgleich sie Andeutungen hatten, daß die Protestanten erst nach dem Religionsfrieden die Mitbenützung erlangt hätten,[1] für unmöglich. Ilsung, welcher der Stadt befreundet,[2] war der Ansicht, man brauche sich überhaupt nicht um die Beeinträchtigung des katholischen Gottesdienstes kümmern: darüber habe der Pfarrer nur aus Neid geklagt; auch die augsburger Räthe stimmten ohne Zweifel dafür, daß man die Abtretung der Kirche, um das Fehlschlagen der Handlung in den übrigen Punkten zu verhüten, nicht fordern solle;[3] schließlich einte man sich jedoch — offenbar auf

---

[1] Die Nachrichten müssen sehr unbestimmt gewesen sein, denn in dem Berichte der baier. Räthe über die Besprechung heißt es nur ganz nebenbei, die Protestanten würden sich wohl aus dem „mehr als dreißigjährigen, wiewol unrechtmäßigen" Besitz nicht verdrängen lassen; und noch am 14. Juli schreibt B. Marquard an Hz. Wilhelm, es sei ungewiß, ob die Protestanten den Mitbesitz vor oder nach 1552 erlangt hätten. St. A. 373/61 f. 145.

[2] Auch nach Ertheilung, sowie während und nach Verrichtung der Kommission steht er derselben mit Rath zur Seite. K. A. lit. A., f. 221 u. 308, lit. B. f. 53 und St. A. 308/3 f. 87.

[3] In diesem Sinne äußerte sich nämlich der Bischof gegen Herzog Wilhelm

Drängen der baierischen Abgeordneten ¹) — daß auf dieselbe „nit allein so vil als möglich" zu bringen, sondern sie auch „in propositione als der wichtigst punkt der erst sein müsse, sintemal die kai. mt. in dero commission solchen puncten mit allem ernst bevilligt;" sei nichts auszurichten, so „solle die ausdruckenliche erclarung geschehen, das man solches an die kai. mt. um dero fernere resolution werde gelangen lassen, cum expressa protestatione, das man ir kai. mt. deswegen das wenigiste welle begeben haben;" auch sei alsbann dahin zu handeln, daß mindestens das Chor einstweilen den Katholiken allein bleibe. ²)

Der für die Vornahme der Handlung vereinbarte Tag wurde, weil die baierischen Räthe, die dazu abgeordnet werden sollten, in anderen Angelegenheiten verreisten, nicht eingehalten. Inzwischen erhielt Herzog Wilhelm aus Landsberg den Bericht Deusbedits an den Generalvikar zu Augsburg aus dem Jahre 1583 über die Vorgänge nach Einführung des neuen Kalenders, und einen zweiten, ³) welcher außer jenen mittheilte, daß die ersten Prediger 1557 angenommen seien, und sie anfangs nur in der Frauenkirche ihren Gottesdienst gehalten hätten, sowie daß eine Wahlordnung Kals V. vorhanden sei, welche bestimme, daß man „allwegen" Katholiken in den Rath wählen solle, „wo sie zu finden." Diese Angaben, für welche Ilsung bald darauf nähere Belege beibrachte, ⁴) eröffneten die Aussicht auf einen weitgreifenden Erfolg der Einmischung, ⁵) und mußten den Herzog anfeuern, diese unverzüglich in's Werk zu setzen. Darauf drang auch Ilsung, welcher gegen die Stadt verstimmt war, weil sie einen Priester, der früher, um Deusbedits Entfernung zu ermöglichen, von ihm zum Pfarrer vorgeschlagen, und von ihr beliebt

---

noch in zwei Schreiben v. 14. Juli [St. A. 373/61 f. 145 u. 147] und seine Subdelegirten bei der Handlung in Kfb. waren nicht angewiesen, auf der Abtretung zu bestehen. Subdel. an d. Bischof. 1588 Sept. 15. B. A.

1) Die Begründung des Beschlusses entspricht ganz der Antwort Hz. Wilhelms auf die Schreiben Marquards v. 14. Juli, in welcher es außerdem heißt, man müsse die Forderung der Abtretung voranstellen, weil, wenn der Rath darauf, wie zu erwarten, nicht eingehe, er sich hinsichtlich der übrigen Punkte um so willfähriger zeigen werde. St. A. 373/61 f. 158.

2) Bericht der baier. Räthe an Hz. Wilhelm. St. A. 373/61 f. 75.

3) Der Verfasser dieses ist nicht angegeben; auf der Rückseite steht nur: „Etliche puncten so mir [dem Kanzler Nadler] vonn herrn castner zu Landsperg communiciert worden." St. A. 373/61 f. 99 ff. Einige Wendungen lassen vermuthen, daß die Schrift von landsberger Jesuiten, deren einige 1583 in K. waren und die später mit mehreren Bürgern in Beziehung erscheinen, herrührt.

4) 1588 Juli 7. B. A. Aug. 1. St. A. 308/36 f. 1.

5) Wilhelm legte denn auch in der Instruktion für seine Gesandten nach K. darauf besonderes Gewicht.

worden, jetzt zurückwies,¹) und man hatte um so mehr Anlaß zu eilen als Heinz schon Ende Juni wegen Anklage auf Ehebruch die Stadt heimlich verlassen hatte, ²) und die Pfarre seitdem unbesetzt war. So kündigten denn nach einigen Verhandlungen die Bevollmächtigten unter dem 26. August dem Rathe von Kaufbeuren an,³) daß ihnen der Kaiser zur gütlichen Beilegung der Irrungen unter den Protestanten und Katholiken Kommission ertheilt habe, zu deren Vollziehung ihre subdelegirten Räthe mit Ilsung am 11. September in der Stadt eintreffen würden.

Dies Schreiben wurde dem Rathe erst am 9. September zugestellt.⁴) Derselbe hatte schon seit geraumer Zeit von dem Erlaß des Auftrages Kunde gehabt, jedoch nichts weiter gethan, als daß er seine katholischen Mitglieder befragt, ob auch sie Beschwerden gegen ihn zu haben glaubten und beim Kaiser geklagt hätten, worauf diese verneinend geantwortet hatten.⁵) Jetzt gerieth er in die größte Bestürzung und ersuchte in aller Eile den augsburger Stadtanwalt Dr. Wernher Seuter als Beistand herüber zu kommen. Dieser wagte nicht, Folge zu leisten, gab aber über das zu beobachtende Verhalten ein weitläufiges Gutachten, das dahin gieng, man solle sich durchaus nicht auf eine Verhandlung einlassen, sondern, damit man sich mit den anderen Reichsstädten berathen könne, von den Kommissären unbestimmte Bedenkzeit verlangen.⁶)

---

1) K. A. lit. A. f. 221 u. f. w. St. A. 308/36 f. 1.

2) Heinz begab sich nach Landsberg und wußte dort durch die Vorspiegelung, als werde er nur wegen seines Eifers für den Glauben verfolgt, den Gr. Helfenstein und den Kastner Köppl für sich zu gewinnen. Zwischen Hz. Wilhelm und B. Marquard wurde weitläufig verhandelt, wie man ihn während der Kommissionshandlung in die Nähe von Kfb. bringen könne, da ohne seine Aussagen nicht viel auszurichten sein werde. Es gelang denn auch, ihn zu bewegen, gegen sicheres Geleit nach Irrsee zu gehen, doch bedurfte man seiner bei der Handlung nicht. Dann stellte er sich dem bischöflichen Gerichte, wurde suspendiert und in's Gefängniß geworfen, auf Fürbitte „hoher Herren" aber schon am 24. Okt. entlassen, doch jeder ferneren Anstellung unfähig erklärt; am 4. Nov. bat Hz. Wilhelm um Aufhebung auch dieser Strafe und der Ausweisung aus dem Bisthum, von welcher Heinz ihm vorgelogen, da dieser doch „gelehrt und eifrig" sei: er wolle den Pfarrer dem Landgr. v. Leuchtenberg, der ihn um gute Priester ersucht habe, zuschicken. Marquard wies auf Grund der Aussagen der drei Ehebrecherinnen und des „discursus" die Berechtigung des wirklich gefällten Urtheils nach, versprach jedoch, falls H. sich wolverhalte, ihm wieder eine Pfarre zu verleihen oder den Austritt aus dem Bisthum zu gestatten. St. A. 373/61 u. B. A. Weiter hören wir nichts von Heinz.

3) St. A. 308/36 f. 15.

4) K. A. vol. I. f. 41.

5) Pfleger zu Oberndorf an B. Marquard 1588 Jan. 20. und Ilsung an densl. Kühnenberg 1588 Aug. 13. B. A.

6) K. A. lit. A. f. 226 ff. 1588 Sept. 10.

Unzweifelhaft war dies der einzig mögliche Weg, der Bewilligung von Zugeständnissen auszuweichen und die Sache auf die alle Entscheidung ausschließende Bahn eines kammergerichtlichen Prozesses oder gar einer Reichstagsbeschwerde zu lenken. Hätte der Rath fest erklärt, er sei zu rechtlichem Austrag der Sache erbötig, lasse sich aber auf keine Verhandlung mit den Komissären ein, so würden diese, wie sie befürchteten, unverrichteter Dinge haben abziehen müssen.¹) Er hatte jedoch den Kopf gänzlich verloren, und benahm sich ebenso ungeschickt wie kleinmüthig.

Die Subdelegirten der kaiserlichen Kommissäre trafen am 11. und 12. September nebst Jlsung zu Kaufbeuren ein; für den Bischof von Augsburg erschienen: Georg Wilhelm von Stadion zu Magoltstein, Sebastian, Bischof von Adrimytan i. p. und Weihbischof von Augsburg, Johannes Elsner, Siegler und Chorherr zu St. Peter, und Dr. Adam Schilcher; für den Herzog von Baiern aber Schweikhart Graf zu Helfenstein, Hieronymus Stabler, Dr. der Rechte Kanzler Herzog Ferdinands in Baiern und des landsbergischen Schirmvereins, Köppl, Kastner zu Landsberg und Dr. Johann Bischer.²)

Am 13. morgens begannen die Verhandlungen,³) als deren eigentliche Leiter, obgleich die bischöflichen Räthe den Vorsitz führten, die baierischen Abgeordneten erscheinen; sie traten auf's Entschiedenste, ja mit Gewaltsamkeit gegen den Rath auf.

Dieser drückte, nachdem ihm der kaiserliche Auftrag mitgetheilt worden, sein Erstaunen aus, daß er so ungerecht verklagt sei; die Katholiken, behauptete er, seien nie beschwert, wie die katholischen Rechtsverwandten bezeugen würden; man möge ihm die Ankläger nennen, damit er sich vor dem Kaiser verantworten könne, wozu er denn Zeit sowie Abschrift des kaiserlichen Auftrags erbitte. Von den drei katholischen Mitgliedern des Rathes, welche sich wie die des Gerichtes und der Gemeinde gegen die Protestanten „verlobt, leib und blueth bei ihnen zu lassen,"⁴) wollte der alte Daniel Rembolt die Versicherung des Rathes, daß die Katholiken zu Klagen keinen Anlaß hätten, bestätigen; Dr. Nadler und Köpp aber verwiesen ihm sein unbefugtes Dareinreden und den andern Katholiken ihre Anwesenheit mit „rauchen" Worten. Des Rathes schüchterner Versuch, den Handel zu rechtlicher Erörterung zu bringen,

---

1) Das stellte auch Senter dem Rathe in einem zweiten Gutachten v. 14. Sept. vor. A. a. O. f. 236.
2) St. A. 308/3 f. 91, K. A. lit. A. f. 240 u. B. A.
3) Ueber diese liegt ein weitläufiges Protokoll der baierischen Räthe [St. A. 308/36 f. 45 ff.] und ein kürzeres des tfb. Raths [K. A. lit. A. f. 240 ff.] vor.
4) Brief [des Stadtschreibers?] aus K. 1588 Sep. 16. K. A. lit. A. f. 239.

wurde kurzweg abgewiesen: von Anklägern wisse man nichts, erklärten die Subdelegierten, der Kaiser habe auf glaubwürdige Berichte von verschiedenen Orten her den Auftrag von Amtes wegen ertheilt; der Rath werde selbst wohl wissen, wie er die Pfarrkirche unrechtmäßig eingenommen, wie er die Pfründen und Gefälle widerrechtlich eingezogen, wie er mit dem Schulmeister, dem Kantor u. s. w. verfahren, was für „despect" den Katholiken und ihrem Gottesdienste erwiesen, wie jene wegen der geringsten Vergehen sogleich, die Protestanten dagegen wegen grober gar nicht gestraft, kurz, wie er den katholischen Glauben zu vernichten bemüht gewesen, „also das man wol zu einem andern ursach hätte," zumal die Uebung der augsburger Confession erst 1557 eingeführt sei, der damalige Rath sie also habe verhindern können; darüber wolle man jedoch jetzt nicht streiten; es handle sich nur darum, ob der Rath „ir k. mt. gehorsamen wolle oder nit," und darüber solle er sich rund erklären. Der Rath widerlegte in seiner Antwort die erhobenen Anklagen, behauptete, der evangelische Gottesdienst sei schon 1544 und 1547 eingeführt und bat, da die Kommission die Religion betreffe, ihm mindestens einen Monat Bedenkzeit zu gewähren; dann wolle er sich so erklären, daß der Kaiser zufrieden sein werde. Nur bis morgen könnten sie Aufschub geben, entgegneten die Kommissäre; die Sache betreffe nicht den Glauben und der Kaiser beabsichtige nicht im entferntesten den Protestanten in ihren Rechten Eintrag zu thun, wolle aber auch nicht dulden, daß man den Katholiken dem Religionsfrieden zuwider ihre Kirche nehme; „werde man sich erclären und i. mt. bevelch pariern," bemerkte ein baierischer Rath, „sei es mit hail, wo nicht, so seie die axt schon an den baum gelegt; es seien 500 pfert zu München, die werden bald da sein; man solle nur ja oder nein sagen."

Der Rath war in einer üblen Lage: er wagte aus Furcht vor dem Kaiser und den mächtigen Bevollmächtigten nicht, auf seiner Forderung zu bestehen, scheute aber auch, nachzugeben, weil die Bürger theils aus Besorgniß, man wolle den evangelischen Glauben gänzlich unterdrücken, theils durch den nun übermüthigen katholischen „gemeinen mann" gereizt, sich sehr unruhig und erbittert zeigten. Mit Hinweis auf die Gefahr eines Aufruhrs bat er nochmals um geraume Bedenkzeit. Der Bürgermeister Kurz beschwerte sich zugleich über die Drohungen der Subdelegierten; wenn es so zugehe, wolle er lieber entlassen und aus der Stadt sein. Er solle nur gehen, entgegnete Köppl, und dem Rathe wurde die Antwort: „wann ain rath iren burgern nit stark genueg zu sein getrauete, so wisse man schon leuth, die stark genueg sein werden;" am folgenden Tage müsse die schließliche Erklärung erfolgen. Damit trat der Rath ab.

Nachmittags wurden Gericht und Gemeinde von den Subdelegierten vorgeladen und ihnen die Versicherung, daß man das evangelische Bekenntniß in keiner Weise beeinträchtigen wolle, wiederholt, wodurch die Aufregung unter der Bürgerschaft einigermaßen beschwichtigt wurde.[1]

Am 14. verständigte sich der Rath mit jenen Behörden, und bat dann dem gefaßten Beschlusse gemäß die Subdelegierten um Mittheilung der von ihnen angedeuteten weiteren Beschwerden der Katholiken, vor welcher er sich auch in der Hauptsache nicht erklären könne; man möge ihm Zeit lassen, die Klagen zu erwägen, dann wolle er dem Kaiser befriedigende Antwort einsenden: „im fahl aber i. mt. solchen berichts allergnädigst nit ersetiget sein wurden, erkenne man sich gegen i. mt. ferner verabschitlich verordnen gepürenden gehorsams." Die augsburgischen Subdelegierten und wohl auch Ilsung[2]) waren geneigt, dem Begehren des Rathes zu entsprechen; die baierischen Abgeordneten dagegen wollten nichts davon wissen und setzten durch,[3]) daß man auch die neue durch das hinzugefügte im Grunde nichtssagende Versprechen schlecht verhüllte Ausflucht des Rathes nicht gelten ließ, sondern ihm entgegnete: es handle sich nur um die lautere Antwort, ob er die Kirche zurückgeben wolle oder nicht. Nach dem mit den andern Behörden vereinbarten Beschlusse hätte der Rath jetzt an den besser zu unterrichtenden Kaiser und den Reichstag Berufung einlegen müssen; er bat jedoch nur nochmals um Zeit zur Verantwortung, da er so handeln müsse, daß kein den evangelischen Reichs-Städten und Ständen nachtheiliger Präcedenzfall geschaffen und er nicht etwa bei künftigen Tagfahrten „mit Schimpf angesehen," oder gar ausgeschlossen werde, und erklärte, falls der Kaiser durch seinen Bericht nicht zufrieden gestellt werde, wolle er sich den weiteren Befehlen desselben unterwerfen und die Pfarrkirche räumen, „also wurde inen von anderen reichsstetten, das sie in eorum praeiudicium etwas eingangen, nichts imputirt finden werden."

Mit diesem Versprechen war der Hauptzweck der Kommission so gut wie erreicht,[4]) und zugleich — was den evangelischen Reichsständen gegenüber besonders wichtig — für den zu erwartenden kaiserlichen Befehl eine schwer anzufechtende Grundlage gewonnen, der Rechtsweg aber der Stadt

---

1) Schr. aus Kfb. v. 16. Sept. 1588.

2) In dem Schr. aus Kfb. v. 16. Sept. wird bemerkt: Ilsung zeige sich freundlich und der Stadt wohlwollend. Auch hatte er ja früher widerrathen, auf der Abtretung der Kirche zu bestehen.

3) Augsb. Subdel. an B. Marquard, Kaufbeuren 1588 Sept. 15: „Demnach die bairische subdelegirte vermög habender irer instruction steiff uff dem hauptpunkten restitutionis der pfarrkirchen tringen, auch one erörterung dessen sich weiters in handlung nit einlassen dürfen noch wöllen, sondern cathegoricam resolutionem hierüber haben," die Kaufbeurer aber ausweichen wollen, so „hangen wir noch an diesem puncten." B. A.

4) Dies hebt auch das baier. Protokoll hervor.

ein für allemal verschlossen. Die Subdelegierten erklärten sich denn auch mit der Antwort zufrieden und forderten nur noch, daß sie ihnen schriftlich ertheilt werde. Das bewilligte der Rath, suchte aber in seinem Entwurfe der Urkunde — im Gefühl der Tragweite seiner übereilten Zusage — nochmals, sich auf das mit den anderen Behörden vereinbarte Versprechen zu beschränken. Die Subdelegirten waren jedoch nicht gemeint, den einmal errungenen Erfolg aus den Händen zu lassen, und brachten denn auch nach langem Verhandeln und nicht ohne neue Drohungen den Rath am 16. zur Unterzeichnung der Erklärung, daß er seine Verantwortung dem Kaiser längstens binnen zwei Monaten[1]) einreichen, „für den unverhofften fal aber, daß i. mt. mit solchem bericht nicht benügig, sondern über solchen die in i. mt. commission begriffene restitution auferlegen werde, sich dero allergnädigsten befelch und willen nit widersezen, sondern allerunterthänigst submittiren und one alles mitl und inhalt gehorsamen wolle, doch dem iuri patronatus und iren gerechtigkeiten altem catholischen gebrauch nach, soviel sie deren von rechtswegen befugt, unvorgriffen.[2])

Mit der Verhandlung über die weiteren Beschwerden der Katholiken, welche aus den eingelaufenen Berichten zusammengestellt waren, kam man nun rasch zu Ende.[3]) Der Rath versprach einen katholischen Schulmeister zu halten, und gegen den Meßner einzuschreiten, sobald der künftige Pfarrer klage; einen solchen wolle er binnen kurzem dem Bischofe vorschlagen; die sechs Chorknaben werde er wie bisher unterhalten; die Irrungen wegen des Läutens seien durch die Verschiedenheit der Kalender veranlaßt, besonders habe man das Vesperläuten nicht gestatten können, weil die Gesellen danach nicht mehr arbeiten wollen, in Zukunft solle jedoch kein Hinderniß mehr bereitet werden. Die Ungleichheit der Rechtspflege, die Störung der Frohnleichnamsumgänge, die Verweigerung der Zimmerleute u. s. w.[4]) bezeichnete der Rath kurzweg als unwahr.

---

1) Der Rath hatte die Angabe einer bestimmten Frist umgehen wollen, dann, als die Subdel. einen Monat als Ziel setzten, drei begehrt, worauf man sich über obige Bestimmung einte.

2) Die Aufnahme des Vorbehaltes seiner Rechte hatte der Rath — nicht ohne Hintergedanken — verlangt; die Subdel. bewilligten sie, schwächten sie aber durch den mancher Deutung Raum gebenden Zusatz „altem — befugt." Die Erklärung findet sich ausgefertigt, K. A. lit. A. f. 297 ff.; die Verhandlungen darüber, St. A. 308/36 f. 29. 31 u s. w.

3) St. A. 308/36 f. 297 ff. Beschwerdeschrift; das. f. 41 ff. Ablehnung des Rathes; das. f. 88 ff. Vereinbarung.

4) Des Vorfalles mit dem Palmesel wurde nicht gedacht.

Die Erhöhung des Pfarrgehaltes beantragten die Subdelegierten nicht, um den Protestanten „dardurch die eingezogenen beneficia tacito nit einzuraumben."[1]) Ueber diese wurde weitere Erkundigung und über die Zulassung fremder Geistlichen auf die Kanzel[2]) nähere Verhandlung für den Fall, daß es zur Abtretung der Pfarrkirche komme, vorbehalten. Zur Annahme des neuen Kalenders zeigte sich der Rath nicht ganz ungeneigt.[3]) Hinsichtlich der Behörden und Aemter begnügten sich die Abgeordneten mit einer ziemlich trotzigen Versicherung, daß die kaiserliche Wahlordnung, „sovil wegen der qualität der personen möglich," stets gehalten sei, und sie scheinen, obgleich die baierischen Räthe in ihrer Instruktion ganz besonders angewiesen waren, der Urkunde nachzuforschen, nicht einmal den Versuch gemacht haben, dieselbe einzusehen. Man ließ diesen und die anderen Punkte wohl deshalb auf sich beruhen, weil der kaiserliche Auftrag ihrer nicht ausdrücklich gedachte, und man den Bogen nicht überspannen wollte: zur Rückgabe der Kirche mußte ja jedenfals eine neue Kommission abgefertigt werden, welche dann auf Grund bestimmter Befehle leichter und vollständiger zum Ziele gelangen konnte.

Am 18. September verließen die Subdelegierten und Ilsung die Stadt, nachdem sie noch den Rath zur Haltung seiner Zusagen, die katholischen Bürger aber zur Standhaftigkeit und friedlichen Bescheidenheit, namentlich daß sie sich der erlangten Zugeständnisse nicht rühmen sollten, ermahnt hatten.

Der Rath erkannte die üble Lage, in welche er sich versetzt hatte, sehr wohl. Es galt jetzt die Verbindlichkeit des gegebenen Versprechens zu entkräften und den Kaiser zu bewegen, nicht auf der Erfüllung desselben zu bestehen. Seuter, den man um Entwerfung der Verantwortung und Rath ersuchte, hob daher in jener scharf hervor, daß die Erklärung durch die „hize und unbescheidenhait" der Subdelegierten erzwungen sei, und empfahl sich an Ulm, die nächste der ausschreibenden Städte zu wenden.[4]) Ulm wies die Stadt an die gesammten evangelischen Stände des schwäbischen Kreises, deren Zusammenkunft in seinen Mauern bevorstand. Bei dieser fand ihr Gesuch um Verwendung beim Kaiser geneigtes Gehör: die Gesandten beschlossen, daß man sich „dieser

---

[1]) Augsb. Subdel. an B. Marquard 1588 Sept. 20. B. A.

[2]) Der Rath hatte 1583 drei Jesuiten nicht gestattet zu predigen, weil ein Statut verbiete, fremde Priester oder Prediger zuzulassen.

[3]) Im baier. Prot. heißt es, der Rath habe erklärt, er wünsche, daß ihm der Kaiser die Beobachtung des neuen Kalenders befehle, dann wolle er gehorchen; der Bericht der Subdelegierten an ihre Herren gedenkt dieser Zusage nicht, sondern sagt nur, man könne hoffen, daß der Rath der Aufforderung des Kaisers nachgeben werde. St. A. 308/35 f. 1 ff.

[4]) K. A. lit. A. f. 310 u. 312.

beschwernus als eines gemeinen religionswerks billich anzunehmen" habe, und deshalb der Herzog von Würtemberg und Ulm den Markgrafen von Baden-Durlach [dessen Räthe in dieser Sache wegen mangelnder Weisung nicht stimmen zu können erklärten] und noch eine Stadt des Kreises ersuchen sollten, mit ihnen ein ausführliches Fürschreiben namens der evanglischen Kreisstände an den Kaiser zu richten; seine Verantwortung aber solle der kaufbeurer Rath, um die Bevollmächtigten nicht unnütz zu erbittern, milder fassen.[1])

Die Vereinbarung des Fürschreibens zog sich lauge hin, weil Würtemberg selbst in der verbesserten Verantwortung des Rathes verschiedene Ausführungen zu scharf, andere die Rechtsfrage betreffende sachlich unrichtig fand.[2]) Noch im März 1589 war es der Stadt nicht zugekommen, welche daher endlich ihren Stadtschreiber mit der Bitte um Beschleunigung an Herzog Ludwig von Würtemberg abfertigte. Zugleich ersuchte sie diesen, ihre Sache auch an die anderen evangelischen Stände des Reiches gelangen zu lassen, damit sie, oder falls Sachsen und Brandenburg[3]) zu weit entsessen, wenigstens Pfalz-Neuburg und die Markgrafen von Baden sich mit ihm beim Kaiser „als in ainer general- und hochbeschwerlichen religionssach" für sie verwendeten.[4]) Dem Handel solche Ausdehnung zu geben, hielt der Herzog nicht für nöthig, ließ aber nunmehr das Fürschreiben bei Baden-Durlach, Ulm und Memmingen zur Unterzeichnung umlaufen,[5]) worauf es dann mit der Verantwortung des Rathes am 3. April dem Kaiser zugesandt wurde.

Die Verantwortung war im Namen der „burgermeister und räth beeder religion" ausgestellt und den Verbesserungen Würtembergs gemäß bescheiden und unterthänig gehalten; des gewaltsamen Auftretens der Verordneten gedachte sie nur andeutungsweise, umgieng aber auch die Wiederholung des gegebenen Versprechens. Von 1544 bis zur „Interimszeit" und dann von 1557 an durch zweiunddreißig Jahre, führte sie weitläufig — nicht ohne mehrfache Entstellung der Wahrheit[6]) — aus,

---

1) „Protokoll der beratung des schwäb. kreises A. C. in der kaufb. sache." Ulm 1588 Nov. 18. A. a. O. f. 315.
2) Hz. Ludwig an Dr. Berlin zu Ulm. 1589 Jan. 22. K. A. lit. B. f. 5. f.
3) Der Chf. v. d. Pfalz wurde ohne Zweifel deshalb nicht genannt, weil er Kalvinist war.
4) K. A. lit. B. f. 61 f. Am 19. März bat die Stadt nochmals um Beschleunigung des Fürschreibens, da Ilsung den Stadtschreiber benachrichtigt habe, daß der Kaiser, wenn die Verantwortung nicht bald einlaufe, „neue und andere commissare" schicken werde, um den vorigen Auftrag „immediate zu exequirn." daf. f. 53 f. Ilsungs etwas anders lautende Mittheilung daf. f. 51.
5) Am 20. März K. A. lit B. f. 56.
6) Hinsichtlich der Zeit von 1544—1548 drückte sich die Schrift so aus, als

sei die augsburger Confession in der Stadt geübt worden; 1557 seien die Evangelischen allerdings aus der Pfarrkirche in die Frauenkirche gewichen, doch nur „so lang es uns gefällig sein würde," und des Patronates sowie dessen, was der Religionsfriede jeder Stadt zulasse, unbegeben; nachdem sich dann bald darauf die Frauenkirche als zu klein erwiesen, hätten sie sich „ires rechtens gebraucht, und one jemandes widersprechen sich wider in die kirche zu S. Martin verfueget." Bisher seien zwischen den Bürgern beider Bekenntnisse nie Mißhelligkeiten vorgekommen, und die katholischen, soweit es ihre Befähigung möglich gemacht, in gleicher Weise wie die evangelischen zu den Aemtern gezogen; das hätten auch die „vornehmsten" katholischen Rathsherren und die Oberin vom Mairhof den Subdelegirten bezeugt. Diese aber seien trotz alledem „was stark darauf verharrt," daß die Evangelischen in die Frauenkirche weichen sollten, worauf „es endlich dabei verpliben, das wir unsern warhaften bericht und entschuldigung an e. röm. kais. mt. gelangen und derselben resolution herüber gewärtig sein sollten." ¹) Die Frauenkirche biete kaum die Hälfte des für die Protestanten erforderlichen Platzes, die Errichtung eines neuen Gebäudes aber werde die Stadt zur Leistung der Reichssteuer unfähig machen; solle die gemeinsame Benützung der Martinskirche einmal durchaus nicht geduldet werden, so sei es billiger, daß die wenigen Katholiken sich in die Frauenkirche zurückzögen. Die übrigen dem Kaiser vorgebrachten Beschwerden rührten zum Theil von dem Kalenderzwiespalt her; hinsichtlich der anderen werde der Rath solche Anordnung treffen, daß niemand mehr zu klagen habe, wie er sich denn überhaupt in allem, was ihm „nach ausweis des religionsfriedens und reichsconstitutionen obliege," unverweislich halten wolle. ²) Die Abtretung der Pfarrkirche verlangten die katholischen Bürger nicht, auch der jetzige Pfarrer klage nicht; der vorige aber habe seine Beschuldigungen nur erhoben, „um seine ruchbare schande zu bemänteln." Der Kaiser möge also die Räumung, welche die Eintracht zwischen den Protestanten und Katholiken vernichten werde, nicht auferlegen, sondern erstere bei dem

---

seien das evang. und kath. Bekenntniß damals neben einander in der Pfarrkirche geübt; der Bescheid K. Ferdinands im J. 1557 behauptete sie, sei den Katholiken ungünstig gewesen u. s. w.

1) So änderte Würtemberg den Entwurf des Rathes, der das abgegebene Versprechen wörtlich anführte. K. A. lit. A. f. 396 ff.

2) Vor näherem Eingehen auf die Beschwerden der Katholiken hatte schon Seuter bei Uebersendung seines Entwurfes der Verantwortung gewarnt: man müsse „in communi dispositione et thesi de publica pace religionis" bleiben, sonst werde man in endlose Irrungen gerathen, „dann der religionsfrid ist einem cothurno nit ungleich." K. A. lit A. f. 310.

Religionsfrieden und der wohlhergebrachten Uebung der augsburger Confession lassen.¹)

In dem Fürschreiben war die Sprache schärfer. Die Stände beschwerten sich über die den Verträgen von 1552 und 1555 zuwiderlaufende Zusammensetzung der Kommission, behaupteten, der Rath sei befugt, die katholische Minderheit aus der Pfarrkirche zu weisen, und betonten die Drohungen, mit welchen die Subdelegirten ihre Forderung unterstützt hatten; zu dieser, sagten sie, werde der Kaiser gewiß nicht Auftrag gegeben haben und möge er die Protestanten nicht gegen den Religionsfrieden beschweren lassen. Das vom Rathe gegebene Versprechen wurde auch hier nicht erwähnt.²)

Die kaiserlichen Kommissäre hatten bereits gegen Ende des Jahres 1588 den Bericht der Subdelegirten über die in Kaufbeuren gepflogene Handlung, einen von dem augsburger Rathe Dr. Schilcher verfaßten, rein sachlich gehaltenen³) Auszug des Protokolles nach Prag überschickt.⁴) Es wurde in demselben dem Kaiser empfohlen, auf Grund des Religionsfriedens und der schriftlichen Erklärung des Rathes die Abtretung der Martinskirche zu befehlen; die Einführung des neuen Kalenders, meinten die Subdelegirten, möge er wenigstens für die Dörfer fordern, „wäre gute Hoffnung, die von Kaufbeuren würden es nit abschlagen: da sie es aber weigerten, wüßten wir, die sach uff solchen weg zu richten, gute gelegenheit, do anderst ir k. mt. nur wollte, welche zu entdecken wir noch zur zeit bedenkens haben."⁵)

Diese Rathschläge legten die Absichten des münchener Hofes nicht in ihrem vollen Umfange dar. Man dürfe sich nicht mit der Abtretung der Pfarrkirche begnügen, sagt der Kanzler Nadler in einem Gutachten,⁶) welches er bald nach seiner Rückkehr von Kaufbeuren verfaßte, die Rückgabe sämmtlicher ehemals katholischen Pfründen und Stiftungen sei zu

---

1) St A. 308/3 f. 233 ff.
2) A. a. O. f. 230 ff.
3) Das tadelte Köppl in einem Schreiben an Nadler; dieser, meinte er, würde den Bericht „geschickter gestellt" haben. St. A. 308/36 f. 96.
4) Der von Ilsung nicht mitgezeichnete Bericht [St. A. 308/35 f. 1 ff.] war von Kaufbeuren unter dem „7/17 septembris" datirt, das Begleitschreiben der Kommissäre, welches die Vorschläge der Subdelegirten befürwortete, vom 26. Oktober; [A. a. O. f. 21.] die Absendung wurde durch die Verhandlungen über den unten zu erwähnenden Nebenbericht bis in den Dezember verzögert.
5) Diese Worte fügte Nadler dem Entwurfe Schilchers bei; [St. A. 308/36 f. 84.] welche Auskunftsmittel er im Auge hatte, darüber findet sich keine Andeutung; beachtenswerth ist es, daß man selbst auf baierischer Seite nicht daran dachte, die Annahme des neuen Kalenders zu erzwingen.
6) St. A. 308/3 f. 23 ff.

bewirken; um diese zu erreichen, müsse man jedoch „gradatim" vorgehen und zunächst eine neue Kommission ausbringen, die lediglich zur Untersuchung der politischen Verhältnisse und zur Besetzung des Rathes nach der Wahlordnung Karls V. beauftrage; es seien genug taugliche Katholiken in der Stadt, um wenigstens den halben Rath aus ihnen zu besetzen; wenn das geschehen, könne man die Auslieferung der Stiftungen betreiben, und werde „hernach paulatim weiter vil guter fruchten ervolgen. Und da es der enden geriete," fügt er bei, verrathend, welche Hoffnungen man an das Gelingen der kirchlichen Herstellung in Kaufbeuren knüpfte, „kann gleicher process mit Memmingen, Kempten und Biberach gehalten werden."

Man konnte hoffen, daß der Kaiser zur Durchführung dieser Pläne die Hand bieten werde. Kurz nach dem Abschluß der Handlung in Kaufbeuren hatte nämlich Bischof Marquard ein Schreiben desselben erhalten, worin er — wir wissen nicht, von wem unterrichtet — die Kommissäre anwies, es so einzurichten, daß ihre Räthe vor oder während der Rathswahl in Kaufbeuren einträfen, wo sie der Wahlordnung Karls V. nachforschen und in seinem Namen über die Beobachtung derselben wachen sollten.[1]) Herzog Wilhelm hatte entgegen der Ansicht Marquards, welcher, weil bei der eben beendeten Handlung schon der Wahlordnung gedacht, den Kaiser einfach auf den Bericht über jene verweisen wollte,[2]) sofort beantragt, Ilsung und die Subdelegierten zwei Tage vor der Wahl auf's neue in Kaufbeuren zusammentreffen zu lassen, um den kaiserlichen Auftrag auszuführen;[3]) der Bischof und Ilsung hatten jedoch dagegen allerlei Bedenken erhoben, welche er nicht zu entkräften vermocht, weßhalb er denn schließlich nachgegeben[4]) und sich den Anschauungen jener anschließend mit ihnen dem Kaiser in einem Nebenberichte[5]) zu dem der Subdelegierten gemeldet hatte, man habe der zweiten Kommission nicht nachkommen können, weil dieselbe zu spät eingetroffen sei; eine neue Abordnung vorzunehmen, habe man um so mehr Bedenken getragen, als keine Rathsstellen erledigt seien, zur Entsetzung des amtenden Rathes aber nicht Vollmacht ertheilt worden,[6]) und dieser zudem leicht, weil der Wahlordnung schon bei der eben beendeten Handlung gedacht worden, gegen den kaiserlichen Befehl hätte „excipieren" können; auch kenne man ja die Bestimmungen der Wahlordnung noch

---

1) St. A. 308/36 f. 61. Schr. v. 16. Sept.
2) B. A. Schr. v. 27. Sept.
3) St. A. 308/36 f. 59.
4) Der Briefwechsel, St. A. 308/35 und B. A.
5) St. A. 308,35 f. 34 ff. Schr. v. 12. Nov.
6) Man glaubte also, die Rathsherren seien auf Lebenszeit ernannt.

nicht und werde überhaupt die Entsetzung des Rathes großen Unwillen und den Argwohn, daß man das evangelische Bekenntniß in der Stadt gänzlich vertilgen wolle, hervorrufen, wodurch die Protestanten auch hinsichtlich der Rückgabe der Kirche störrisch gemacht und veranlaßt werden würden, sich an ihre Glaubensgenossen im Reich zu wenden. Der Kaiser möge daher zunächst die erste Kommission durchführen lassen und dann sie durch eine zweite beauftragen, bei Erledigung von Rathsstellen darüber zu wachen, daß „caeteris paribus" Katholiken den Protestanten vorgezogen würden.

Hatte man jedoch am kaiserlichen Hofe wirklich, wie die Ertheilung jenes Nebenauftrages aus eigenem Antriebe zu bekunden schien, die Absicht gehabt, die kaufbeurer Sache mit Nachdruck zu betreiben, so hatte doch sehr bald wieder die alte Unschlüssigkeit und Bedenklichkeit das Uebergewicht erlangt. Man zögerte, den Vorschlägen der Bevollmächtigten zu entsprechen, und obgleich Herzog Wilhelm zur Entscheidung drängte, weil die Kaufbeurer die protestantischen Stände zu bewegen suchten, sich ihrer Sache als einer „gemeinen Beschwerde" anzunehmen, und die dem Rathe für seine Verantwortung gesetzte Frist längst verstrichen sei, [1]) erklärte man doch, jene erwarten zu müssen. [2]) Als nun mit ihr das Fürschreiben der schwäbischen Stände eintraf, verlor man vollends den Muth zu durchgreifenden Maßregeln und beschied — doch trotz neuer Mahnung Wilhelms [3]) erst nach fast dreimonatlichem Zaudern — mit Hinweis auf diese Einsprache die Kommissäre, die Abtretung der Martinskirche werde jetzt nicht wohl mehr zu erhalten, sondern wenn „man es mit mehreren und größeren ständen nicht zu thun haben" wolle, auf „glimpfliche" Mittel wie etwa die Abtheilung der Kirche durch eine Mauer [4]) zu denken sein, worüber sie denn ihr Gutachten ertheilen möchten; was die Rathswahl und den Kalender angehe, so werde man in diesen Punkten, da nach dem Ermessen der Kommissäre selbst darin „ohne erledigung des hauptpunctens nicht wol ichtes fruchtbarliches furgenommen werden könne, gleichfalls bis zu irem vernerem gutachten in rue stehn" müssen. [5])

Herzog Wilhelm lag jedoch nichts ferner, als ein Zurückweichen; die Rücksichten auf die protestantischen Stände, welche den Kaiser bestimmten, hatten für ihn keine Geltung, und daß sich jene Kaufbeurens nicht weiter als mit Schriften annehmen würden, konnte er nach ihrem

---

1) Schr. Herzog Wilhelms an den kaiserl. geh. Rath Jakob Kurz von Senftenau v. 16. Febr. 1589, St. A. 308/35 f. 46.
2) Antwort Kurzens an Herzog Wilhelm v. 7. März 1589, a. a. O. f. 48.
3) Schr. an den Kaiser und Kurz v. 21. Apr., a. a. O. f. 52 und 58.
4) Diese anzuordnen hatte Ilsung Ende 1588 dem Kaiser auf Ersuchen des lib. Rathes empfohlen. St. A. 308/3 f. 87.
5) Schr. v. 1. Juli 1589 St. A. 308/35 f. 59.

Verhalten in anderen weit wichtigeren Händeln voraussetzen; dagegen mußte sich die Ueberzeugung, daß es seine Pflicht sei, das angefangene Werk durchzuführen, um so lebhafter geltend machen, als er seit Anfang des Jahres wiederholt durch die landsberger Jesuiten, welche mit einigen Bürgern in Kaufbeuren Verbindungen angeknüpft hatten, Berichte von dort erhielt, in welchen geklagt wurde, wie seit der Kommissionshandlung die Prediger den Katholicismus schmähten, dessen Anhänger in der gehässigsten Weise bedrückt würden und deßhalb schon etliche wohlhabende Bürger ausgewandert seien.[1]) Er beauftragte daher ohne Verzug seine Subdelegierten eine Widerlegung der Verantwortung des kaufbeurer Rathes und des Fürschreibens zu entwerfen,[2]) und that wohl auch Schritte, um die Unterstützung seiner Mitbevollmächtigten zu gewinnen.[3])

Bald darauf lief — wiederum über Landsberg — die Nachricht ein, daß in Kaufbeuren der Bürgermeister Kurz auf den Tod krank liege und seine, sowie mehrere andere Stellen im Rath bei der nächsten Wahl zu verleihen sein würden.[4]) Wilhelm konnte nicht hoffen, daß der Kaiser sich bewegen lassen werde, sofort die Besetzung jener Stellen mit Katholiken anzuordnen, doch wollte er wenigstens die Möglichkeit, diese vorzunehmen, erhalten, bis es ihm gelänge, jenen zu entschiedenem Auftreten zu drängen, und er ersuchte ihn daher unter Hinweis auf die neuen Beschwerden der Katholiken, die Einstellung der Rathswahl bis auf fernere Verordnung zu verfügen.[5]) In Prag wollte man sich jedoch selbst zu dieser Maßregel nicht verstehen: man schickte den Kaufbeurern nur die Mahnung zu, sie sollten bei der bevorstehenden Neuwahl die Ordnung Karls V. wohl in Acht nehmen, damit sie nicht „zu anderem einsehen ursach" gäben,[6]) und entschuldigte sich dem Herzog gegenüber dahin, man habe seinem Wunsche „neben andern mehr wichtigen ursachen auch kurze der zeit halben" nicht entsprechen können.[7])

Je deutlicher in dieser Zurückweisung die Zaghaftigkeit des kaiserlichen Hofes hervortrat, desto nothwendiger mußte es Wilhelm erscheinen, die Mitbevollmächtigten zu bewegen, mit ihm den Kaiser auf das nach-

---

1) Schr. des Herzogs an den Kaiser und Kurz v. 21. April, St. A. 308/35 f. 52 u. 58; Auszüge aus Schr. an die Jesuiten, das. f. 95 ff. u. 105 ff.; St. A. 308/3 f. 29, 47, 148 u. f. w.
2) St. A. 308 35 f. 85 u. 87.
3) Der Briefwechsel mit diesen über den kais. Bescheid fehlt.
4) Helfenstein an Nadler 1589 Okt. 9. nach Mittheilung des landsberger Rektors. St. A. 308/3 f. 18.
5) Das Schr. des Herzogs fehlt; sein Inhalt ergibt sich aus der kais. Antwort.
6) K. A. lit B. f. 124, Schr. v. 20. Okt. 1589.
7) Schr. v. 26. Okt. 1589. St. A. 308/35 f. 100.

drücklichste zur Durchführung des so glücklich begonnenen Werkes auf-
zufordern. Am 3. Januar 1590¹) fand auf seine Veranlassung eine
Zusammenkunft der Subdelegierten und Ilsungs zu Bruck statt. Auf
das eindringlichste ließ er hier durch seine Räthe befürworten, daß man
dem Kaiser empfehle, auf der völligen Rückgabe der Martinskirche zu bestehen, und zugleich vorstelle, wie auch mit dieser nicht hinlänglich geholfen sei, er vielmehr auch in die politischen Verhältnisse eingreifen, die
Rathsstellen mit Katholiken, deren genug taugliche vorhanden, besetzen
lassen, die Erneuerung des Stadtkammanns, welche seine Vorgänger dem
Rathe für 60 Goldgulden jährlich überlassen, durch Verzicht auf die
Abgabe zurücknehmen und die Stelle einem Katholiken verleihen müsse.
Ilsung stimmte hinsichtlich der Pfarrkirche den baierischen Räthen —
wenn auch mit Zurückhaltung — bei; die bischöflichen Abgeordneten aber
sprachen, die Bedenken des Kaisers geltend machend, für die Abtheilung
der Kirche und wollten jenem die Entscheidung gänzlich anheim stellen;
trotz aller Bemühungen der baierischen Räthe ließen sie sich auch,
da sie gemessenen Befehl hatten, nicht weiter bringen, und man mußte
sich daher schließlich mit dem Austausch der Instruktionen begnügen,
und dem Bischofe die Abfassung des Gutachtens anheim stellen.²)
Marquard selbst wagte nun nicht, sich geradezu dem Wunsche des
Herzogs zu widersetzen, und empfahl daher dem Kaiser in seinem Entwurfe,³) die Abtheilung der Kirche widerrathend, die Zurückgabe derselben zu befehlen, gedachte aber der übrigen von Baiern angeregten
Punkte nicht,⁴) ließ sich auch auf keine Widerlegung der Verantwortung
des Rathes und des Fürschreibens der schwäbischen Stände ein, und
hielt das Schreiben überhaupt so „lau und uneifrig," daß man auf
baierischer Seite damit höchst unzufrieden war.⁵) Man theilte es
deßhalb Ilsung gar nicht erst mit,⁶) und beschloß die Abfassung eines
anderen. Diese zog sich jedoch, obgleich der Kaiser die erst am
21. Januar erfolgte Antwort⁷) der Kaufbeurer auf seine Mahnung

---

1) Ursprünglich auf Ende November angesetzt, wurde die Besprechung auf Bitten
B. Marquards bis zu dem obengenannten Tage verschoben. St. A. 308/3 f. 37
u. B. A.

2) Prot. der Verh. B. A. 308/3 f. 87 ff. baier. Instr. das. f. 52 ff. augsb.
das. f. 91 ff. Bericht der augsb. Räthe an B. Marquard v. 6. Jan. 1590, B. A.

3) St. A. 308 3 f. 83.

4) Dies erklärte er in dem Begleitschreiben an Herzog Wilhelm v. 16. Jan. 1590
[A. a. O. f. 81] für unnöthig, weil der Kaiser nur hinsichtlich der Pfarrkirche das
Gutachten gefordert habe.

5) Helfenstein und Köppl an Nadler. 1590 Febr. 1. A. a. O, f. 114.

6) A. a. f. 118. — 7) A. a. O. f. 108.

zur Beobachtung der Wahlordnung, worin sie dieselbe wie stets so auch bei der jüngsten Wahl „nach gelegenheit der zeiten und qualificatiou der personen" gehalten zu haben behaupteten, [am 9. Februar], um Gutachten darüber ersuchend, überschickte,¹) und obgleich Ilsung wiederholt Beschwerden über die Verhältnisse in Kaufbeuren, namentlich in politischer Hinsicht mittheilte, wegen Reisen der Räthe bis in den August hin,²) und selbst dann kam es noch nicht zur Absendung des Berichtes, vielmehr ruhte die ganze Angelegenheit bis im November 1591 Ilsung den Herzog darauf aufmerksam machte, wie bei der letzten Rathswahl die Zahl der Katholiken in den Stadtbehörden noch vermindert und zum Stadtammann ein Mann erwählt worden, der „früher fallito und flüchtig gewesen und ex professo der schwenkfeldischen Ketzerei anhängig" sei.³) Nun beauftragte der Herzog [am 1. Dezember] seinen Agenten in Prag, dahin zu wirken, daß der Kaiser mehr als bisher zum Mitleiden mit den Katholiken in Kaufbeuren bewegt werde, und Ilsung nebst einem anderen benachbarten katholischen Adeligen zur Einziehung näherer Erkundigungen beauftrage. Er stelle anheim, bemerkte er dabei, ob nicht dann dem jetzigen⁴) Bischofe von Augsburg, Johann Otto, ihm und Ilsung auf's neue eine Kommission zu ertheilen; wenn der Stadtammann und der Stadtschreiber, ein arger Calvinist, entfernt, würden sich „die anderen fein niedergeben."⁵) Am kaiserlichen Hofe scheint man jetzt die früheren Bedenken gänzlich vergessen zu haben; schon am 15. Dezember konnte der baierische Agent berichten, der Kaiser sei bereit, dem Wunsche des Herzogs nachzugeben, und möge dieser um Beauftragung Ilsungs und eines anderen Adeligen zur Erkundigung der städtischen Verhältnisse nachsuchen.⁶) Dies geschah im Anfange des nächsten Jahres,⁷) der Kaiser ertheilte jedoch den Auftrag [am 21. März] neben Ilsung dem Herzoge selbst,⁸) worauf dieser um Beiordnung Bischof Johann Ottos bat,⁹) die denn auch am 10. Juni 1592 erfolgte.¹⁰) Der Bischof erklärte sich zur Mitwirkung bereit;¹¹) Ilsung aber lehnte sie entschieden ab,¹²) weil er von baierischer Seite beschuldigt worden sei, bei der vorigen Handlung in Kaufbeuren „mehr verhindert, als guts geschafft und befurdert zu haben."¹³)

---

1) A. a. O. f. 106. — 2) A. a. O. f. 150, 163, f. 169 ff. — 3) A a. O. f. 183.
4) Marquard II. war am 28. Jan. 1591 gestorben.
5) A. a. O. f. 196. — 6) A a. O. f. 199. — 7) St. A. 308/36 f. 105. —
8) A. a. O. f. 111. — 9) A. a. O. f. 122. — 10) A. a. O. f. 128. — 11) A. a. O. f. 147. — 12) A. a. f. 149.
13) Wahrscheinlich war J. ein Schr. Herzog Wilhelms an Kurz v. Senftenau v. 21. April 1589 mitgetheilt worden, worin derselbe großes Befremden über seine zweideutige Haltung aussprach; auch die baierischen Räthe äußerten wiederholt Mißtrauen gegen ihn.

Dadurch wurde eine neue Beauftragung nöthig: Herzog Wilhelm suchte jedoch dieselbe nicht nach ¹) und nahm sich überhaupt nicht weiter um die Stadt an. Einen Grund für dieses plötzliche Fallenlassen der so lange mit größtem Eifer verfolgten Sache vermag ich nicht zu finden; ²) später mochte das Herannahen des Reichstages den Herzog in seiner Zurückhaltung bestärken. Auch Bischof Johann Otto ließ die kaufbeurer Angelegenheit gänzlich beruhen; nur als im Jahre 1593 der Schulmeister und Kantor entlassen worden, stellte er auf Ansuchen Helfensteins ³) den Rath zu Rede, weil jener durch einen Prädikanten, dieser durch einen ganz unwissenden Menschen ersetzt sei, begnügte sich jedoch mit der ihm durch städtische Abgeordnete vorgebrachten Erklärung, daß die beiden Lehrer wegen Zänkereien zwischen ihnen und zwischen ihren Weibern verabschiedet seien, die Schulmeisterstelle seit lange mit Evangelischen besetzt werde, der neue Kantor aber gelehrt und vom Pfarrer selbst empfohlen sei. ⁴)

In Kaufbeuren scheint man sich bereits vor neuen Anfechtungen sicher gefühlt zu haben. Anfangs tauchten noch hin und wieder beunruhigende Gerüchte auf, und dieselben veranlaßten sogar den Rath im Anfang des Jahres 1590 Herzog Ludwig von Würtemberg zu ersuchen, er möge seine Räthe zu Mindelheim beauftragen, der Stadt als Beistände zu dienen, falls, wie verlaute, durch eine neue Verordnung die Rückgabe der Kirche, wo nicht noch anderes, mit Ernst in's Werk gesetzt werden solle. ⁵) Die würtembergischen Räthe erklärten ihrem Herrn, allerdings seien die Kaufbeurer gegen den Religionsfrieden beschwert, doch sei es nicht räthlich, daß er sich der Sache allein annehme, sondern er möge sie ein „gemein werk verbleiben lassen;" ⁶) und man wies da-

---

1) Kais. Auftrag v. 29. Okt. 1601, K. A. vol. I, f. 257 ff.
2) Der Herzog bemerkt selbst in einem Schreiben an B. Heinrich v. Augsb. v. 16. Sept. 1600, die vorige Kommission sei „mit wissen wir aus waß ursachen sizen geblieben." B. A. Sogar das Gutachten, welches der Kaiser 1589 gefordert hatte, ging, obgleich es Jsung nach mancherlei Milderungen am 26. Aug. 1592 unterzeichnet hatte, [St. A. 308/36 f. 112, 124, 125 ff. 129] nicht ab.
3) H. an d. augsb. G. Vikar 1593 März 23. B. A. Der entsetzte Kantor hatte sich nach Landsberg begeben und dort H. jene Angaben gemacht, die dann der Bischof dem Rathe von K. vorhielt. Daß H. sich nicht an Herzog Wilhelm, sondern an den Bischof wandte, damit dieser als Ordinarius einschreite, beweist, wie wenig man in München die Aufnahme der Kommission für thunlich hielt.
4) K. A. lit. B. f. 146 ff.
5) K. A. lit. B. f. 130 u. 134. 1590 März 15. u. Mai 19. Wahrscheinlich lagen der Nachricht von Erneuerung der Kommission Aeußerungen Jsungs zu Grunde, bei dem der Stadtanwalt im Anfang März gewesen. St. A. 308/3 f. 118.
6) K. A. lit. B. f. 134. 1590 Mai 26. Dr. Gerhard gab ein besonderes

her nach Berathung mit einem ulmer Stadtanwalte Kaufbeuren an, bei dem bevorstehenden Kreistage die evangelischen Stände insgesammt zu ersuchen, seine Angelegenheit für ein „gemein gravamen" aufzunehmen, und ihm für den Fall einer neuen Kommission etliche Mitglieder als Beistände zuzuordnen.¹) Es scheint nicht, daß der Rath dieser Aufforderung nachzukommen, noch nöthig fand.²) Auch von späteren Bemühungen um Schutz und Hilfe findet sich keine Spur, und selbst beim Reichstage, der 1594 zu Regensburg gehalten wurde, scheinen die protestantischen Stände nicht darum angegangen zu sein,³) denn dieselben legten nicht nur auf den kaufbeurer Handel gar kein Gewicht, sondern sie begingen sogar in ihrer Beschwerdeschrift an den Kaiser seltsamer Weise den Irrthum, Kaufbeuren unter den Städten aufzuzählen, in welchen der katholische Rath die evangelischen Bürger bedränge.⁴)

Dagegen wurden bei dem erwähnten Reichstage die kaufbeurer Verhältnisse in der unter besonderer Einwirkung Baierns verfaßten Klage der katholischen Stände⁵) in hervorragender Weise berücksichtigt. Wie anderwärts, hieß es da, werde „das glockenleuthen zu christ- und anderen nachtmettin, auch den ämbter, vesper, und andern tagzeiten und andern ceremonien verwert;" die Stadtdiener, die „man zuvor zu den processionen zu verwehrung unzucht und anderer unordnung gestellt," würden jetzt nicht mehr geschickt; ferner sei „die pfarrkirchen zu

---

Gutachten: K. müsse sich etliche Reichsstädte zu Beiständen erbitten, sagte er, und wenn ihm weiter zugesetzt werde, sich an alle Stände A. C wenden, daneben auch „ihre statt in guette gewahrsame nehmen und also bestellen, daß sie sich von denn commissarien nichts zu befahren, quia licitum est, vim vi repellere; und muß man jetzt wehren, dann weicht man einmal, so bleibt es wol dabei und kan man nacher nimmer mehr zum schwert kommen." Das. Die Befolgung dieses tapferen Rathes würde wohl Kfb. das Schicksal Donauwörths bereitet haben.

1) K. A. lit. B. f. 140.

2) Wie keine Schreiben u. s. w. darüber vorliegen, so beruft sich der Rath auch 1601 nicht auf frühere Bewilligung von Beiständen.

3) K. schickte keinen Gesandten, sondern ließ sich durch Ulm vertreten. K. A. lit. B. f. 154.

4) Lehmann, De pace relig. I, 219.

5) Die bei Lehmann, I, 232 ff. abgedruckte Schrift wurde, wie schon aus der Entgegnung der Protestanten beim Reichstage v. 1597 hervorgeht, [das. 238 ff.] nicht übergeben; die wirklich eingereichte steht im Auszuge bei Wolf, Gesch. Herzog Maximilians I., Bd. I, 155 ff., doch sind dort vielfach die Hinweisungen auf die einzelnen Orte, wo die Katholiken beschwert, ausgelassen, weßhalb ich die auf Kfb. bezüglichen Stellen nach einer Abschrift im St. A. Reichstagshandlungen 1594 p. III f. 2 ff. ausführlich mittheile, zumal sie beweisen, wie unzuverlässig die Angaben der Reichstagsbeschwerden selbst da sind, wo eine Entstellung nicht zum Vortheil der Klagenden gereicht.

St. Martin daselbs geendert und der A. C. zugezogen, und über versprichnus e. k. mt. kommissarien anno 88 gethan, auch e. k. mt. bevelch¹) bißhero nit restituiert, wie sie dann je lenger je mehr vortschraiten, schullmaister und meßner ihres gefallens außerhalb der cath. religion annemmen, dem pfarrherrn die capläne abstricken, die chorsänger rüngern, und mehr ander sachen den alten catholischen fundationen zuwider und nachtaill anstellen;" auch sei „es an dem, obwol sie wie auch die statt Biberach in der wahl des raths — — — k. Carls ordnung schweren, darinn gemeldet würt, das sie keinen rathsherrn als catholisch (so lang deren zu fünden) annemmen sollen, das doch bede stet' aintweder den kai. bevelch verendern oder im schweren denselben § überschreiten oder sonst in copiis in widerigen sinn brüngen — — — lassen,²) dahero zu Kauffpeuren nicht mehr als zween im rath catholisch, auch schwerlich mehr hinein kommen werden;" wie anderswo seien auch in Kaufbeuren die Protestanten in ihrem rechtswidrigen Verfahren durch evangelische Reichsstände bestärkt, ohne welche „anlaittung" sie „villeicht nie in ire misverstende gerathen weren."

Trotz dieser Anmahnung wurde jedoch das Verfahren gegen Kaufbeuren nicht aufgenommen: am kaiserlichen Hofe war man durch das Vordringen der Türken und die dadurch stets wachsenden Geldbedürfnisse mehr als je zur Rücksichtnahme auf die protestantischen Stände genöthigt und ja überhaupt nicht gewöhnt, dergleichen Angelegenheiten aus eigenem Antriebe nachdrücklich zu betreiben; Baiern aber wurde wohl durch jene Verwickelungen, welche Herzog Wilhelm zur Abdankung bestimmten, und zugleich durch die große Spannung, welche der Streit um das passauer Bisthum [1594—1598] zwischen dem münchener und dem prager Hofe hervorrief, von Bemühungen um einen neuen Auftrag abgehalten.

Der kaufbeurer Rath scheint die zu Regensburg gegen ihn erhobenen Anklagen kaum beachtet zu haben; erst 1597 stellte er in Folge des zu Heilbronn gefaßten Beschlusses, die katholische Beschwerdeschrift ausführlich zu widerlegen,³) seinen Gegenbericht zusammen, worin er jede Hinderung des katholischen Gottesdienstes läugnete, die Wahlordnung stets gehalten zu haben, behauptete, und sich im übrigen auf seine Verantwortung an den Kaiser von 1589 berief.⁴) Zum Reichstag schickte er dann im November Gesandte, berief sie jedoch schon Ende Dezember

---
1) Ein solcher war der Stadt bekanntlich noch nicht zugekommen.
2) Dies sind, soviel K. angeht, nichts als Vermuthungen.
3) Ulm an Kfb. 1597 Okt. 24. K. A. lit. B. f. 158.
4) A. a. O. f. 165 ff.

zurück,¹) und es nahmen die Protestanten sich auch diesmal nicht ernstlich um die Sache der Stadt an. Ihre Ablehnung der katholischen Anklage wurde mit einer Anzahl anderer neben der allgemeinen der Stände augsburgischer Confession übergeben,²) doch wie diese den Katholiken nicht mitgetheilt.

Es schien, als solle der kaufbeurer Handel unausgetragen der Vergessenheit verfallen.

---

1) Rathsprot.
2) Lehmann, De pace vel. I, 248.

## III.

Die Lage der Katholiken in Kaufbeuren war seit der Kommissionshandlung im Jahre 1588 im wesentlichen dieselbe geblieben wie zuvor. Zwar hinderte der Rath das Läuten, die Feier der Nachtmetten und dergleichen nicht mehr und gestattete überhaupt die Beobachtung des neuen Kalenders, doch hielt er die drückende Bestimmung, daß die Katholiken auch nach dem alten feiern mußten, aufrecht.[1]) Vergeblich versuchte Bischof Marquard 1590 diese Beschwerde zu beseitigen. Ilsung hatte ihm auf Befragen mitgetheilt, der Rath werde, wie er von einigen „Sektierern" erfahren habe, sich wohl zur Annahme des neuen Kalenders bewegen lassen, und hatte empfohlen, zunächst um Zulassung der ausschließlichen Beobachtung desselben für die Dörfer,[2]) dann, wenn diese bewilligt, um seine Einführung in der Stadt anzuhalten. Daraufhin sandte Marquard zwei dem Gutachten Ilsungs gemäß angewiesene Abgeordnete an den Rath. Dieser antwortete jedoch, argwöhnend, daß jedes Nachgeben zu weiteren Zumuthungen Anlaß geben werde, schon auf das erste Ansinnen ausweichend, er müsse das Gutachten seiner Nachbarn einholen, da durch Beschlüsse der evangelischen Städte die Annahme des neuen Kalenders verboten sei, und beschied, als Memmingen die Einwilligung widerrieth,[3]) den Bischof abschläglich.[4]) Unter diesen Umständen dauerte die

---

1) Dabei nahm der Rath selbst auf die katholischen Feiertage so wenig Rücksicht, daß er z. B. 1598 am kath. Lichtmeßtage trotz der nachdrücklichsten Einsprache der Katholiken einen Verbrecher hängen ließ. Rathsprot. 1598 Jan. 23. a. St.

2) In den ihm mit dem Abte von Kempten gemeinsamen Dörfern hatte der Rath dieselbe von Anfang an gestattet.

3) Das Kalenderwerk, heißt es in dem Schreiben von Memmingen, sei zwar nur ein „politisch werk, also das man ohne verletzung deß gewüssens einen und den andern calender halten möge, doch geben die darüber ausgangne bullae pontificiae zu erkennen, wie es gedeutet, was für ein gehorsam darunter gesuchet und bei höchsten penen geboten werde, item zu was beschwerung und betrangnus selbige censurae pontificiae wider die ev. stände in künftig mögen mißdeutet werden." Stadtarch. zu Memmingen.

4) Der Briefwechsel u. s. w. B. A.

Vernachlässigung der katholischen Feiertage in einem Maße fort, daß 1597 der Kaplan im Mairhof den Bischof um die Erlaubniß, wieder den alten Kalender beobachten zu dürfen, angieng;[1)] selbstverständlich erhielt er sie nicht. Die Schulen wurden nach wie vor durch protestantische Lehrer geleitet und mit der Aufsicht darüber nur protestantische Rathsherren betraut. Die katholischen Kantoren unterrichteten zwar auch in ihnen,[2)] doch lag der eine mit dem lateinischen Schulmeister beständig in Streit, so daß der Rath 1593 beide entlassen mußte,[3)] sein unfähiger Nachfolger aber war selbst protestantisch gesinnt,[4)] oder verstand sich doch dazu, seines Vorgesetzten „liet zu singen."[5)] Die katholischen Kinder mußten wie früher auch an den Festen des neuen Kalenders die Schule besuchen,[6)] und die sechs Chorknaben wurden, wie der Pfarrer 1600 dem Bischofe klagte, so übel behandelt, daß sie entliefen.[7)] Der protestantische Meßner bei St. Martin, von welchem es hieß, er habe in dreißig Jahren nicht ein Mal das Abendmahl genommen,[8)] blieb, und auch für St. Blasien wurde 1601 ein protestantischer Meßner angestellt.[9)] Im Siechenhause hörte der katholische Gottesdienst auf,[10)] im Spital aber wurde nach wie vor neben ihm der evangelische gehalten. Zu Beamten und Pflegern jener Anstalten und zu Pflegern der Kirchen- und Heiligen-Schreine wurden nur Protestanten ernannt, ebenso zu Gefangenwärtern, über deren Proselytenmacherei sich die Klagen wiederholen.[11)] Von den Behörden hielt man die Katholiken mehr noch als früher fern. Auf die Mahnung des Kaisers an die Wahlordnung im Jahre 1589 verlieh man zwar Daniel Nembold die dritte fast von Anfang an nicht besetzte Bürgermeisterstelle und erwählte für einen verstorbenen Katholiken

---

1) K. A. lit. B. f. 175.
2) Rathserkl. 1602 Febr. 18. K. A. vol. II, p. 481.
3) Hörmann und Rathserkl. 1602 Febr. 18.
4) Hörmann bezeichnet ihn geradezu als Protestanten.
5) Kath. Erkl. 1602 Febr. 16. K. A. vol. II, p. 449. Die Richtigkeit der Angabe wird dadurch wahrscheinlich, daß der Kantor von dem selbst sehr lauen Pfarrer empfohlen war, und der Rath ihm sein Gehalt um 20 Gulden und 2 Sack Korn aufbesserte. Rathserkl. a. a. O. p. 343.
6) Kath. Beschw. a. a. O. p. 449.
7) B. A.
8) Kath. Beschw. a. a. O. f. 449.
9) K. A. vol. II, p. 227, Rathsprot. 1601 Sept. 11. a. St. Er war der Sohn des früheren kath. Meßners.
10) Dort war nach das Rathes Erkl. v. 13. Febr. 1602 nur eine fremde Magd katholisch; daß nicht mehr Katholiken darin seien, erklärte er für Zufall. K. A. vol. II, p. 343.
11) Kath. Beschw. a. a. O. p. 449.

Diepold Schwarz, dessen Stiefsohn, Martin Kaut; das von Schwarz bekleidete vornehme Amt eines Stadtrechners aber erhielt Martin Geierhalter, ein heftiger Protestant, und in Rembold's Rathsstelle trat der „bitter sectische" Ulrich Espenmüller.¹) Als dann Rembold schon 1591 starb, wurde zwar sein Sohn in den Rath, zum Bürgermeister aber ein Protestant gewählt; gleichzeitig trat Kaut aus, und wurde durch den bisherigen Stadtammann ersetzt, so daß im Rathe nur zwei Katholiken blieben; im Gerichte war damals nur noch ein Mitglied, in der Gemeinde zwei katholisch,²) welche Zahlen bis 1602 nicht stiegen.³) Von Aemtern verlieh man den Katholiken nur solche, welche mehr „despectum als ehre" brachten, wie das des Bettelpflegers, des Fischmeisters, des Brod- und Bierbeschauers⁴) Häufig schloß man auch die katholischen Rathsherren von den Sitzungen aus,⁵) obgleich man doch von ihnen keine Ungelegenheiten zu fürchten hatte, da man nur gefügige Leute wählte,⁶) die anderen aber und darunter die wohlhabendsten wegen „Unverträglichkeit" ausschloß.

1) Abt v. Irrsee an Helfenstein. 1590 Apr. 2. St. A. 308/3 f. 133.
2) Ilsung an Helfenstein 1590 Nov. 16. und an den Herzog Wilhelm 1592 Juli 15. A. a. O. f. 183 u. 308/36 f. 125.
3) Rathsbericht 1597 Nov. 21, K. A. lit. B. f. 168 ff. und Rathserkl. 1602 Febr. 13, das. vol. II, p. 343. 1601 war gar nur ein Katholik in der Gemeinde, keiner im Gericht. Kath. Beschw.
4) Beschw. d. Kath. 1602 Febr. 12. Der Rath entgegnete am 13: Die Katholiken würden zu den hohen Aemtern nicht gezogen, weil die beiden Rathsherren durch ihr Handwerk zu sehr beschäftigt, die anderen unfähig seien; der Armenpflege habe sich Niemand zu schämen, man brauche dazu solche, die man dann in den Rath nehmen wolle; ein Königmann sei damit betraut gewesen, doch habe er sich des Amtes geschämt, und so unfriedlich gezeigt, daß man ihn entlassen müssen; auch seine Brüder seien zu unverträglich, als daß man sie in die Behörden nehmen könne, die anderen Katholiken außerdem auch zu arm. Gleiche Erklärung geschah am 18. Febr.
5) Beschw. d. Kath. v. 12. Febr. 1602. a. a. O. Der Abt von Irrsee bemerkt in s. Schr. v. 12. Apr. 1590: in Religionssachen kümmere man sich um die kath. Rathsfreunde nicht, dagegen lasse man den Stadtammann und die Prediger holen. St. A. 308/3 f. 133. Pf. Zettel sagt in einem Berichte aus d. J. 1600: die zwei Katholiken gälten im Rathe „mit ihren votis soviel, ut ita loquar, als ein schwein in der judenschuel." B. A.
6) Rembold wird mehrfach als furchtsam, lau und „ambidexter" bezeichnet; [St. A. 308/3 f. 122 u. 133.] Kaut war ein junger, unerfahrener Mensch, doch sonst eifrig, [A. a. O. f. 133 u. 183] worin vielleicht der Grund seines Austrittes zu suchen; der dritte der 1590 im Rathe sitzenden Katholiken mußte, wie der Abt von Irrsee bemerkt, den Jahherrn spielen, um nicht die Nebenämter zu verlieren, welche ihm wie anderen armen Rathsherren gegeben waren, damit er seinen Pflichten besser warten könne.

Die Zahl der Katholiken nahm noch fort und fort ab,[1]) zumal man das Bürgerrecht nur mehr an Protestanten verlieh.[2]) Ihr Verhältniß zum Rathe war ein entschieden feindseliges geworden; er beschuldigte sie bei der späteren Kommissionshandlung steter Unverträglichkeit und Widersetzlichkeit,[3]) und von seinen einflußreichsten Mitgliedern erzählte man sich heftige Drohungen gegen die Katholiken;[4]) auch über Ungleichheit der Rechtspflege wird geklagt,[5]) und daß den Katholiken „ein solches biß eingelegt, daß keiner mit dem andern schier mehr reden darf, sondern es werden kuntschafter auf sie bestellt."[6])

Daß die Katholiken trotz all dieser Bedrückungen nicht den Schutz der ehemaligen kaiserlichen Kommissäre nachsuchten, mochte theils in Zaghaftigkeit, theils in einer gewissen Gleichgiltigkeit, hauptsächlich aber darin seinen Grund haben, daß es ihnen an Führern fehlte. Wie die katholischen Rathsherren standen nämlich auch die beiden nächsten Nachfolger Teusdedits im Pfarramte, Mag. Martin Betz [1588—1595] und Dr. Georg Sachs [1595—1599] mit der herrschenden Partei in gutem Einvernehmen: wir hören nichts von Streitigkeiten derselben mit den Behörden oder den Predigern, nichts von Klagen über Beeinträchtigung des Gottesdienstes, und der Rath vermehrte beiden ihre Einkünfte um ein Beträchtliches.[7]) Weniger Wohlwollen und Billigkeit des

---

1) Das hebt der Kaiser in seinem Auftrage v. 29. Okt. 1601 [K. A. vol. I, f. 257] hervor, desgl. das Gutachten der ulmer Anwälte v. 1601, [a. a. O. vol. II, p. 1 ff.] Der Rath schreibt 1604 an Ulm: es seien unter 700 Bürgern 40 katholische, [a. a. O. vol. III, p. 801 ff] und ebenso gibt ein Spruch des Stadtschreibers aus demselben Jahre die Zahlen an. [das.] Vielleicht war die Abnahme der Katholiken zum Theil auch die Folge einer pestartigen Krankheit, welche 1591 an 800 Einwohner hinraffte; [Hörman] in dem baier. Entwurfe des Gutachtens der Kommissäre für den Kaiser aus d. J. 1592 [St. A. 308/3 f. 112 a] heißt es: etliche vornehme Katholiken seien ausgewandert, weil für ihr Bekenntniß nichts geschehe; Sifung bestreitet das: [s. 125] der Abzug sei nur aus Handwerks- und Erbschaftsrücksichten erfolgt.

2) Verhörsprot. v. 1604 B. A.

3) Rathserkl. v. 18. und 21. Febr. 1602.

4) St A. 308/3 f. 112 ff. 112 a ff. 133, 144, 196. Vgl. S. 65, Anm. 1.

5) Beschw. des Pf. Schenk 1600 u. 1601 Aug. 30, B. A.; Beschw. der Kath. 1602; baier. Entw. u. s. w. von 1592. Ungerechtigkeiten waren um so leichter möglich, als die Stadt „keine gewisse strafordnung [hatte], sondern die frevler nach gutachten und ermessen des rathes abgestrafft" wurden. Verhörsprot. 1604. B. A.

6) Baier. Entwurf u s. w. 1592. Ganz ebenso klagten die Kath. am 16. Febr. 1602 [K. A. vol. II, f. 449] ohne daß der Rath sie in seiner Antwort widerlegte.

7) 1592 wurde das Pfarrgehalt um 40 Gulden und 4 Sack Korn gemehrt, [K. A. vol. II, f. 343] 1597 bewilligte man Sachs „von seines doctorats wegen" auf sein Ansuchen eine Aufbesserung von jährlich ein Sack Korn und sechs Klaftern Holz. Rathsprot. 1597 Nov. 11. a. St.

Rathes als übergroße Willfährigkeit⁴) und Lauigkeit der Pfarrer, von welchen Betz geradezu der Hinneigung zum Protestantismus beschuldigt wurde,²) dürften die Grundlagen dieser Eintracht gewesen sein. Unter Sachsens³) Nachfolger, Johann Schenk [1599 - 1601] einem, wie es scheint, eifrigen, aber auch hochmüthigen und unruhigen Manne, der schon auf dreizehn Pfarren gewesen,⁴) entbrannte der Hader mit dem Rathe, den Predigern und den Kirchendienern sofort wieder auf's heftigste,⁵) und nun wurde sehr bald die auswärtige Hilfe angerufen.

1) Betz verlegte z. B. an den prot. Ostern und Pfingsten den Gottesdienst in die Spitalkirche. St. A. 308/3 s. 125

2) Helfenstein schreibt am 23. März 1593 dem B. Johann Otto, es solle „der ṅige pfarrherr selbst sich mehrentheils dem magistrat zu gefallen halten und seiner von deme erlangten addition mehr dann der cath. kirchen notturst achtung haben;" [B. A.] protestantische Gesinnung und Nachläßigkeit im Amte gibt ihm auch ein lateinischer Bericht an den Generalvikar aus demselben Jahre schuld; am 31. Jan. 1595 sagte Betz dem Rathe auf, weil „er bei seinen cath. pfarrkindern eben gar kein blaz hab," und sie ihn beim Bischof unter anderem deshalb verklagt hätten, „daß er mehr zu den evangelischen dann zu den catholischen halte;" (Rathspr.) der Rath bewog ihn zu bleiben, im März jedoch wurde er vom Generalvikar entsetzt und „wegen früherer und kürzlich verübter ergerlicher excess" mit kanonischer Strafe belegt. [B. A.] Diese „excess" waren wahrscheinlich zum Theil Vergehen gegen die Sittlichkeit, denn in dem erwähnten lateinischen Berichte heißt es: „Parochus est publicus concubinarius;" in Neths Pfarrverzeichniß wird ein Sohn von ihm erwähnt.

3) Ueber seinen Abzug bemerkt das Rathspr. v. 2. Okt. 1599 a. St.: „S. über das er vilfältig von e. e. rath und seinen glaubigen (sic) ersucht und ermahnt worden, allhie zu verbleiben, [er hatte eine andere Pfarre erhalten] oder da er ja nit bleiben konte oder wolte, seinen creditoribus alhie (deren ausstand sich auff 300 fl. belauft) gebührende caution zu thun, ist mit großem truz und pochen ab dem rathhauß und zum thor ausgeloffen ohn allen abschied."

4) Rathserkl v. 18. Febr. 1602, K. A. vol. II, p. 481. Auch in sittlicher Hinsicht war Schenk nicht tadelfrei; 1588, wo er bereits für die Pfarre zu Kfb. in Vorschlag kam, wiederriethen die augsb. Subdelegirten dem Bischofe seine Anstellung, weil er „ein concubinarius und soviel wir vernommen, sie einander nit laßen wöllen, welche an diß ort nit dienet;" [Augsb. 1588 Sept. 30, B. A.] und im Rathsprot. heißt es unter dem 28. März 1600 a. St.: „Herr Augustin Schenth, herrn Joh. Sch. pfarrherren allhie sohn, ladet e. e. rath zu seiner geistlichen hochzeit." Die Ausdrucksweise der Subdelegirten und daß man drei Männer, wie Betz, Sachs und Schenk nach Heinz an einen Ort wie Kfb, wo es den Katholicismus zu retten galt, schickte, wirft ein grelles Licht auf die kirchlichen Zustände jener Zeit; der Concubinat war eben ganz allgemein, [die kfb. Rathsprotokolle erwähnen oft Söhne von Pfarrern der Nachbardörfer und Bestrafungen von Mägden, die sich mit Geistlichen vergangen] und der Priestermangel so groß, daß man nicht wählen konnte.

5) Rathsprot. 1600 März 11, 1601 Sept. 11 a. St. Rathserkl. 1602 Febr. 18, Erkl. der Kath. 1602 Febr. 16.

Schon im Jahre 1600 schickte Schenk eine überaus leidenschaftlich gehaltene Beschwerde¹) und ein Schreiben an Herzog Wilhelm von Baiern, worin derselbe namens der „catholischen vom rath und der burgerschaft zu Kaufbeuren" gebeten wurde, die Erneuerung der Kommission zu bewirken, durch Andreas Retter, einen nicht lange vorher erwählten katholischen Rathsherrn, an die landsberger Jesuiten,²) welche sofort durch ihre Ordensbrüder zu München und den alten Kastner Köppl, der eigens zu diesem Zwecke nach der Hauptstadt reiste, dem Herzoge die Sache der Kaufbeurer empfehlen ließen.³) Wilhelm war gern bereit, die Aufnahme des einst so eifrig von ihm betriebenen Handels zu befördern und ersuchte Bischof Heinrich von Augsburg [am 16. September], den Kaiser um neuen Auftrag anzugehen, er wolle durch seinen Sohn zu Prag in demselben Sinne wirken lassen.⁴) Heinrich war bereits auf des Herzogs Weisung ebenfalls um Hilfe angegangen, fand jedoch die „gravamina nit alle der erhöblichkeit auch also bescheidentlich verfaßt, daß die i. k. mt. fürzubringen," und beauftragte daher seinen Generalvikar, Schenk darüber zu vernehmen und die katholischen Bürger zu veranlassen, ihre Beschwerden in gebührender Form einzureichen.⁵) Dies geschah, wie es scheint, gegen Ende Oktober.⁶)

Inzwischen hatte man in Kaufbeuren von den Bemühungen um eine neue Kommission Nachricht erhalten. Bereits im Anfang des Jahres war die Sage von solchen gegangen, und an Retters Thür ein Pasquill geheftet, welches ihn als Verräther der Stadt bezeichnete.⁷) Im Juni waren dann die Gerüchte mit solcher Bestimmtheit aufgetreten, daß der Rath Abgeordnete an Ilsung schickte, um sich über die Wahrheit derselben zu erkundigen, und ihn mit dem Versprechen, daß man allen Beschwerden der Katholiken abhelfen werde, um Verhütung einer neuen Kommission zu bitten.⁸) Zur selben Zeit etwa hatten zwei protestantische Bürger im Gespräche mit einem katholischen, dem Kessler Hans Schwarz, Andreas Retter und dessen katholischen Amtsgenossen Martin

---

1) Status rcipublicae Kaufbeurensis. B. A.
2) Wie bemerkt, hatten diese mit den ksb. Katholiken fortwährend Beziehungen unterhalten.
3) P. Reindl an den Rektor S. J. zu München. 1600 Juli 17. B. A.
4) B. A.
5) B. Heinrich an den Gen.-Vikar. 1600 Sept. 22. B. A.
6) Die betreffenden Verhandlungen und die neue Beschwerdeschrift liegen nicht vor; am 19. Nov. überschickt der Bischof letztere dem Kaiser. B. A.
7) Notiz im B. A.
8) P. Reindl an den Rektor S. J. zu München. 1600 Juli 17.

Wagner beschuldigt, daß sie die Stadt bei Ilsung verriethen; Schwarz hatte darauf mit Schmähungen gegen den Rath und die Prediger geantwortet, und war deshalb, während seine Gegner trotz der Klagen der katholischen Rathsherren straflos blieben, in's Gefängniß gekommen, aus welchem er jedoch bald entflohen; auf Vermittelung der Jesuiten und des Kastners zu Landsberg hatte er dann zu Schongau in Baiern das Bürgerrecht erhalten, kehrte aber im Oktober nach Kaufbeuren in die Haft zurück, und sagte nun aus, Retter habe ihn zu seinen Reden aufgestachelt, zur Flucht verleitet und, wie er zu München gehört, dem Herzog Wilhelm siebenunddreißig Beschwerden gegen den Rath übergeben, die alsbald dem Kaiser überschickt seien. Der Rath stellte Retter zu Rede und verlangte von ihm, er solle eine Abschrift seiner Klage übergeben. Retter verweigerte hinsichtlich der ersten Angaben des Kesslers jede Auskunft, weil derselbe [wegen Schulden] vom schwäbischen Landgerichte geächtet war, hinsichtlich der letzten erbot er sich den Beweis, daß er unschuldig, Schwarz aber den Tod verdiene, von München zu erbringen, wenn man ihm Urlaub gebe. Dieser wurde ihm versagt; er ging aber dennoch am 31. Oktober — in dessen Nacht Schwarz wieder entfloh — nach München und kehrte von dort mit einem Fürschreiben Herzog Wilhelms [vom 3. November],[1]) welches dem Rathe mit Hinweis auf die Handlung von 1588 empfahl, die Katholiken, deren Beschwerden noch immer nicht beseitigt seien, und Retter insbesondere nicht zu beschweren, zurück.[2])

Die Protestanten geriethen in die größte Aufregung: die Katholiken, hieß es, hätten die Stadt verrathen und ein Blutbad unter ihren Gegnern anrichten wollen. Am 7. November wurde Retter des Rathes entsetzt, am 8. ihm und dem Pfarrer befohlen, die Abschrift der beim Herzog eingereichten Beschwerden bis zum 14. zu übergeben; an diesem Tage wurden neben ihnen alle katholischen Bürger vorgeladen und von denselben außer der Beschwerdeschrift die Erklärung gefordert, was sie beabsichtigten und worin sie beschwert zu sein glaubten; an Verrath der Stadt, erklärten sie durch den Pfarrer, hätten sie nie gedacht; ihre Beschwerden seien dem Rathe seit 1588 bekannt, die neulich zu München eingereichte Schrift aber nicht zur Hand.[3]) Der Rath wagte nicht, ihnen weiter zuzusetzen: er versicherte sie seiner Bereitwilligkeit ihren

---

1) K. A. vol. II, p. 89 ff.
2) So berichten die Vorfälle ziemlich übereinstimmend das Fürschreiben des Herzogs, die Antwort des Rathes auf dieses v. 15. Nov., ein Bericht des Pfarrers an den Gen.-Vikar v. 19. Nov. [B. A.] und die Wechselschriften von 1602.
3) Bericht d. Pf. an den augsb. Gen.-Vikar v. 19. Nov. und Prot. der Verhandlung v. 14. B. A.

Beschwerden abzuhelfen, weshalb sie nicht an die große Glocke zu gehen gebraucht hätten, [1]) und schickte am folgenden Tage Abgeordnete mit einer Rechtfertigung seines Vorgehens gegen Retter [2]) und den besten Erbietungen hinsichtlich der etwaigen Beschwerden der Katholiken nach München. Ueber die dort und bald darauf durch eine zweite Gesandtschaft mit dem Bischofe von Augsburg gepflogenen Verhandlungen fehlen nähere Nachrichten, [3]) doch scheinen sie dem Rathe die Besorgniß, daß eine Aufnahme der Kommission bevorstehe, benommen zu haben, da er sich nicht um Beistand bei seinen Freunden bewarb.

Herzog Wilhelm, dem nach dem unbesonnenen Vorgehen des Rathes gegen Retter ein Einschreiten nur um so nöthiger erscheinen mußte, hatte jedoch schon am 12. November den Kaiser an die Zustände in Kaufbeuren erinnert und gebeten, die durch des Bischofs Johann Otto Tod und seine Abdankung erloschene Kommission auf Bischof Heinrich und seinen Sohn Maximilian zu erneuern. [4]) Das gleiche Gesuch hatte dann am 19. der Bischof unter Uebersendung der verbesserten Beschwerdeschrift der Katholiken gestellt. [5])

Am prager Hofe konnte man, diesen Aufforderungen nachzukommen, nicht wohl umgehen, doch scheinen sich dort die Bedenklichkeiten, welche man der protestantischen Stände wegen hegte, noch lebhafter als früher geltend gemacht zu haben, denn das Schreiben, welches man nach langem Zögern und wahrscheinlich erst auf wiederholte Mahnungen des baierischen Agenten zu Prag am 22. Juni 1601 an Bischof Heinrich und Herzog Maximilian erließ, [6]) enthielt allerdings den Auftrag, die Kommission vom 10. Juni 1592 aufzunehmen, und die angeordnete Untersuchung der kirchlichen und staatlichen Verhältnisse in Kaufbeuren anzustellen, fügte aber bei, die Kommissäre sollten, falls sich die geklagten Mängel bei jener wirklich fänden, „mit allem vleis nachsinnen, wie

---

1) Hörmann.
2) K. A. vol. I, f. 101 ff.
3) Am 14. Nov. a. St.: statteten die Abgeordneten dem Rathe über ihre Verrichtung bei Herzog Wilhelm Bericht ab, [Rathsprot.] doch fehlt derselbe in den Akten. Der Herzog bemerkt in einem Schreiben an d. B. v. Augsburg vom 22 Nov., er habe jenen versprochen, bald Bescheid zu schicken, und gefragt, ob es der Stadt genehm, daß er und der Bischof zu gütlicher Handlung wegen der Irrungen mit Retter und den Katholiken — doch einer kais. Kommission unvorgegriffen — Abgeordnete schicken; die Kaufbeurer hätten erklärt, darüber baldigst die Antwort des Rathes ihm zustellen zu wollen. B. A. Von der Verhandlung mit dem Bischofe geben nur die Beglaubigung der Gesandten seitens der Stadt v. 27. Nov. und die Rückbeglaubigung seitens des Bischofs vom 1. Dez. Kunde. B. A.
4) Kais. Auftrag v. 29. Okt. 1601 K. A. vol. I f. 257 ff.
5) B. A. — 6) B. A.

und auf was erhebliche weg denselben ohne große weitleuffigkeit, und sovil insonderhait die pfarrkirchen belangt auf solche maß und beschaidenhait," wie das kaiserliche Schreiben vom 1. Juli 1589 angebe, „begegnet werden möchte."

Mit diesem Zusatze war von vornherein jeder Erfolg der Kommission unmöglich gemacht, denn selbstverständlich würden die Kaufbeurer vor allem Mittheilung des kaiserlichen Schreibens von 1589 gefordert, und da dasselbe wegen der Einmischung der protestantischen Stände es für unmöglich erklärte, auf der Abtretung der Pfarrkirche zu bestehen, nicht nur diese, sondern mit erneutem Beistande ihrer Freunde überhaupt alle Zugeständnisse von Belang verweigert haben.

Dem kaufbeurer Handel einen solchen Abschluß zu geben, waren jedoch die neuen Bevollmächtigten nicht gemeint. Auch sie waren wie Herzog Wilhelm von dem lebendigsten Glaubenseifer erfüllt, auch sie waren ganz und gar von jenen Anschauungen und Bestrebungen, welche die katholische Partei in ganz Europa bewegten, durchdrungen, und auch sie betrachteten die kirchliche Wiederherstellung als die höchste und eigentlichste Aufgabe ihrer Regierung. Daß Herzog Maximilian, welchem als dem künftigen Haupte der Liga unsere Aufmerksamkeit sich vor allem zuwendet, größere, politische Ziele bei seiner Einmischung im Auge hatte, davon findet sich keine Spur. Ebenso lagen ihm wie anfangs bei dem donauwörther Handel,[1]) eigennützige Absichten gänzlich fern. Wie sein Vater scheint er lediglich durch den Eifer für den Glauben und durch die Auffassung seiner Pflichten, wie sie den Anschauungen, in denen er erwachsen war, entsprang, in seinem Auftreten bestimmt zu sein. Auch von diesem Standpunkte aus, welchen der eifrige, thatkräftige und einsichtige Bischof Heinrich theilte, konnte jedoch nur die volle Herstellung des rechtlichen Zustandes, wenn nicht die gänzliche Katholisirung der Stadt sich als das anzustrebende Ziel darstellen. Ueberdies mußten die beiden Fürsten ein Zurückweichen nach den Erfolgen von 1588 ihrer Ehre zuwider erachten, und sie konnten sich nicht verhehlen, daß es der katholischen Partei den unheilbarsten Nachtheil bringen werde, wenn die protestantische jenes Schreiben vom 1. Juli 1589, welches die zaghafte Politik des kaiserlichen Hofes enthüllte, und gewissermaßen das Eingeständniß, daß die 1588 gestellten Forderungen unberechtigte seien, enthielt, in die Hände bekam, und daß, wenn man um der Einsprache jener willen in Kaufbeuren auf das, was man als unläugbares Recht gefordert hatte, verzichtete, die kirchliche Wiederherherstellung überall, wenn nicht unmöglich, doch sehr erschwert sein werde.

---

1) Lossen, Donauwöth, S. 10 u. 53 ff.

So stellten denn die Beauftragten, nachdem sich ihre Räthe zu Bruck verständigt,¹) [am 9. Oktober] dem Kaiser die Unmöglichkeit, auf die ertheilte Vollmacht hin, die Kommission aufzunehmen, vor, und baten, ihnen eine bestimmtere gemäß dem Entwurfe, welchen sie mitsandten, zu geben; zugleich empfahlen sie, dem Rathe Aufschiebung der Neuwahl bis Andreä [30. Nov.], bis wohin sie die Handlung anzustellen hofften, zu befehlen.²) In Prag fügte man sich diesem ungewöhnlichen Ansinnen und wies am 29. Oktober Heinrich und Maximilian ganz, wie sie es verlangt hatten, an, in Kaufbeuren, falls es noch nicht durch ihre Vorgänger kraft des Auftrages vom 10. Juni 1592 geschehen sei, eine Untersuchung über die kirchlichen und politischen Zustände und besonders über die, wie der Kaiser Nachricht habe, erst nach 1555 geschehene Einnahme der Pfarrkirche, die Rathswahl und die Aemterbesetzung anzustellen, und wenn sich die geklagten Mängel in der That vorfänden, allen Ernstes daran zu sein, damit die Pfarrkirche den Katholiken allein bleibe, da der Kaiser den Gemeinbesitz des Aergernisses und „anderer ursachen" halber nicht mehr länger gestatten wolle noch könne, „auf welchen fahl laut" der vorigen Kommissäre „relation die der A. C. ergebne disse pfarrkirchen abzutreten, — — sich erbotten;" auch sollten die Bevollmächtigten sich die Wahlordnung Karls V. vorlegen lassen, und sie hinfort zu halten befehlen, sowie Gleichmäßigkeit in Besetzung der Aemter anordnen, und baldigst Bericht erstatten, weil Gefahr im Verzuge.³) Zugleich wurde an den kaufbeurer Rath ein Mandat erlassen, in welchem der Kaiser an die vorige Kommission erinnerte, ankündigte, daß er bereits im Werke sei, die Entscheidung zu treffen, und bis zur Mittheilung dieser mit der Neuwahl zu warten befahl.⁴) Letzteres Schreiben sandte man dem Herzog Maximilian alsbald durch einen Eilboten zu, die Kommission selbst hielt man mit der den Kaiserhof kennzeichnenden Unschlüssigkeit bis Ende November zurück.⁵)

In Kaufbeuren war man über die Erneuerung der Kommission — vielleicht wie später von Prag selbst her — bereits seit längerer Zeit unterrichtet. Die Bestürzung war um so größer als der Reichspfennigmeister die Stadt, die sich wegen Erlegung der Kreistürkenhilfe entschuldigt, mit Untersuchung ihres Haushaltes bedroht hatte, und man sich also neben den Zumuthungen in kirchlicher Hinsicht auch dieser versehen

---

1) Von dieser Zusammenkunft, welche aus unbekannten Gründen erst am 2. Okt. stattfand, fehlen nähere Nachrichten.
2) B. A.
3) K. A. vol I f. 279 ff.
4) St. A. 308/3 f. 245.
5) Gaillircher an P. zum Acker, 1601 Dez. 9. B. A.

mußte.¹) Eine solche Aufdeckung ihrer „Heimlichkeit" aber scheuten alle Städte ihres Credites und der Reichssteuern halber auf's äußerste, und in Kaufbeuren hatte die herrschende Partei, sie zu hintertreiben, um so mehr Ursache, als sie ihre Gewalt in der selbstsüchtigsten Weise mißbrauchte. ²) Daß die Rathsstellen und höhern Aemter nur wenigen Familien zugänglich waren und die Ernannten sie meist bis zum Tode behielten,³) war, wenn auch wohl nicht die Folge der Verfassungsbestimmungen, so doch ein allgemeines Uebel der kleinen Reichsstädte, welches die geringe Zahl der eigentlichen und wohlhabenden Bürger hervorrufen mußte. Aber man häufte auch die Aemter in den Händen der leitenden Rathsherren ⁴) und nach dem Zeugnisse Ilsungs, welcher seit 1588 die Verhältnisse aufmerksam verfolgte und der Stadt doch nicht übel wollte, vertheilte man unter sie selbst solche Aemter, welche dem Herkommen nach an Bürger verliehen werden mußten, wie namentlich die Verwaltung der Getreidezehnten. ⁵) Von diesen und dem Einkommen der Pflegschaften wanderte gar manches in die Haushaltungen der Verwalter, ⁶) und bei der Rechnungsablage mochte theils Gevatterschaft und Schuldgemeinschaft ein Auge

---

1) Instrukt. des Rathes für die Abgeordneten an Würtemberg u. s. w 1601 Sept. 18. K. A. vol. I, f. 143 ff. Rathsbericht, 1601 Okt. das. f. 41 ff.

2) P. Reindl schreibt 1601 Juli 17. an den münchener Rektor S. J., Ilsung habe ihm mitgetheilt, ante mensem fere senatum [Kaufbeurensem] timere [sic] sibi, ne imperator commissarios denuo deleget, idque non tam catholicorum causa sed et quod expensas minus recte administrarent et multo aere alieno gravaverint. B. A.

3) 1557—1576 war Rudolf, 1578—1611 Ludwig Bonrieder, sein Bruder, Bürgermeister, bis 1600 Johann Bonrieder, dann sein Sohn Johann Georg Stadtanwalt; ein Hans Bonrieder wird 1600 als Gerichtsherr erwähnt; Thomas Unsinn war Bürgermeister von 1557—1567, Hans Kurz von 1567—1598, Daniel Schilling von 1591—1628 [?], Job Rader von 1598—1612. Verz. der Bürgermeister b. Hörmann. Leider fehlt ein Rathsverzeichniß und kann auch das Verwandschaftsverhältniß der Familien zu einander nicht verfolgt werden. Wie auch die Söhne der kath. Rathsherren in die Stellen ihrer Väter eintraten, ist oben bereits erwähnt.

4) Ludwig Bonrieder, der nebenbei Gastwirth war und zwei Kramläden hielt, war Bürgermeister, Gerichtsherr zu Dösingen, Pfleger des Landkapitals und der Schwestern im Mairhof; Kaspar Zeller: Stadtrechner, geheimer Rath, Pfleger von St. Blasien und dem Spital; Job Rader war Bürgermeister und Pfleger von St. Martin; [Rath. Duplik, 1602, K. A. vol. II, p. 449] der Bäcker Martin Geierhalter: Stadtrechner, geheimer Rath, Pfleger von St. Blasien und der Honoldstiftung und Verwalter der Zehenten von drei Dörfern. [Bericht der Kommiss. 1604 Okt. 29 A. a. O. III, p. 719 ff.]

5) Helfenstein an Rader 1590 März 16. St. A. 308/3 f. 118.

6) Bericht aus Kfb. 1601 Juli B. A. Geierhalter, heißt es dort unter anderm, berechne die Verwaltungskosten dreier Zehnten, welche 700 Gulden trugen, auf 300 Gulden.

zubrücken laſſen, theils wurde ſie durch betrügeriſche Kunſtgriffe illuſoriſch gemacht.¹) Die Aecker der Pflegſchaften wurden zu niedrigen Preiſen an die Rathsherren verpachtet, die dafür die ihrigen ſo theuer wie möglich vergaben.²) Auf Stadtkoſten wurden große Schmauſereien und Gelage gehalten, wozu „burgermaiſter Bonrieder als ein würt (bei dem ſie maiſten thailß topfer zechen) die größte urſach" gab.³) Natürlich gerieth ſo das Geldweſen der Stadt, zumal die ununterbrochenen Türkenhilfen an ſie ihre Kräfte auch bei guter Verwaltung faſt überſteigende Anforderungen ſtellten,⁴) in tiefſte Zerrüttung: die Einnahmen deckten ſchon ſeit 1582 nicht mehr die Ausgaben, und man mußte, obgleich man die Steuern erhöhte,⁵) um nur die Zinſen der großen Schulden, die man gemacht, bezahlen zu können, auf's neue Geld aufnehmen.⁶)

All' dies durfte man nicht aufdecken laſſen. Der Rath erſuchte daher ſobald ihm die Nachricht, daß die Kommiſſion erneuert ſei, zukam, durch ſeinen Anwalt Dr. Hans Georg Bonrieder Ulm und Herzog Friedrich von Würtemberg ſich der Stadt anzunehmen, damit ſie nicht

---

1) Pf. Schenk berichtet an den augsb. Gen.-Vikar 1601 Aug. 3: die Rathsherren legten nur unter ſich Rechnung ab, „gleich als wenn die kinder mit einander ſpilen; wann der pfleger einer der heiligen guet in ſeiner haushaltung aufgezert, entlehnet er von andern bis nach geſchehener rechnung; wann die furuber, verkauft er wiederumb das getrait, ſo zuvor auf Martini gefallen, zahlt damit der ime gelihen; von den übrigen braucht er bis Georgi et sic consequenter." B. A. Aehnlich äußerte ſich Jlung gegen Helfenſtein A. a. O.
2) Bericht aus Kfb. 1601 Juli 10 B. A.
3) Ausſage des ehemal. Rathsherren Mattheus Mangolt. 1604 Verhörsprot B. A. Alle Zeugen äußerten ſich ähnlich; das letzte Schweinmal, ſagten mehrere, habe 130 Gulden gekoſtet, während früher nur 30 dafür verwendet worden; einige der Vernommenen bemerkten, ſeit etlichen Jahren ſeien die Gelage u. ſ. w. beſchränkt. — Jlung berichtete 1590, daß alles, was gemeiner Stadt Einkommen, verſoffen und verbankettiert und „nur privatum nicht commune bonum geſucht" werde. Helf. an Nadler A. a. O. Ueberhaupt ſcheint man in Kfb. recht liederlich gelebt zu haben, denn die Rathsprot. wimmeln von Strafertenntniſſen für Saufen, Huren und Raufen. 1608 bemerkte der Pf Zettel: es herrſche in der Stadt große Liederlichkeit, viele Bürger ſeien durch das „pankettieren" verarmt. St. A. 308,3 f. 133 ff.
4) Die Stadt zahlte an Reichsſteuern von 1582 bis 1600, alſo in 18 Jahren, 282½ Römermonate, d. h. 44200 Gulden; an Kreisſteuern allein 1594—1596 fünfzehn RM. oder 2400 Gulden. Hörmann Ihr Einkommen betrug ungefähr 6000 Gulden. Verhörsprot. 1604. B. A.
5) Verhörsprot. 1604 B. A.
6) Rathsbericht 1605, K. A. vol. III, p. 300 ff. — 1602 Mai 21 mußte die Stadt dem B. von Augsburg den 1578 vom Kloſter St. Magni in Füßen erworbenen Zehnten in fünf ihrer Dörfer [für 23000 Gulden] verkaufen; [daſ. u. Hörmann] gleichwohl belief ſich 1604 die Schuld noch auf 60000 Gulden. Verhörsprot. 1604 B. A. und Bericht der kaiſ. Kommiſſ. 1604 Oft. 29. K. A. vol. III, p. 719 ff.

wieder mit einer „einseitigen" Kommission übereilt werde, und namentlich sich der Kaiser nicht eine Untersuchung des Haushaltes anmaße. ¹) In Ulm konnte man jedoch, da die geheimen Räthe nicht alle anwesend waren, keinen Bescheid ertheilen und versprach nur, dem Rathe binnen kurzem ein Gutachten über das einzuhaltende Verfahren zu senden, sowie „in modum dubitandi" für den Nothfall „würkliche assistenz." ²) Zu Stuttgart war man so ängstlich wie früher; man fand es nicht räthlich, daß der Herzog auf bloße Gerüchte hin an die Kommissäre oder gar an den Kaiser schreibe, denn dadurch könne er in den Verdacht kommen, als wolle er „sich dises religionswerkes einig undernemmen" und dem Gegentheil erst Anlaß gegeben werden, die Kommission wirklich auszubringen; und man beschied daher Bonrieder, die Stadt möge sich zunächst Gewißheit über die Ertheilung jener verschaffen, dann aber auch den Markgrafen von Baden sowie Ulm und Memmingen um Beistand angehen: seien diese, sich der Sache anzunehmen, bereit, so wolle auch der Herzog es nicht an sich fehlen lassen. ³) Der kaufbeurer Rath bat darauf [am 15. Oktober] den Bischof von Augsburg, Herzog Wilhelm von Baiern und den Abt von Kempten, der ihm als Mitbeauftragter bezeichnet worden, falls ihnen eine neue Kommission, wie verlaute, ertheilt, wenigstens vier Wochen vor Aufnahme der Handlung Anzeige davon zu machen, damit er sich nach Beiständen umsehen könne, ohne welche er die kaiserliche Entschließung nicht anhören, noch sich darauf erklären dürfe. ⁴) Die Antworten, welche er erhielt, waren so zweideutig gefaßt, daß er glaubte, den Fürsten sei noch kein Auftrag zugekommen. ⁵) Ein sicheres Anzeichen, daß derselbe erfolgen werde, wurde ihm jedoch gleich darauf. Am Tage vor der Rathswahl [²⁷. Oktober / 6. November] kam nämlich ein baierischer Kanzleibote, der die ganze Nacht durchgelaufen war, mit jenem Schreiben des Kaisers vom 29. Oktober, welches die Einstellung der Wahl anordnete. Auch von diesem Befehle war dem Rathe vorher

---

1) K. A. vol. I, f. 139 ff. 143 ff. 165 ff. Nach Stuttgart begleitete auf Ersuchen Kfb's Dr. Varnbüler von Ulm den Abgeordneten.

2) Bericht Bonrieders a. a. O. f. 173 ff Das weitläufige Gutachten der ulmer Anwälte erhielt Kfb. im Oktober. K. A. vol. II, p. 1—38.

3) Gutachten der würt. Räthe 1601 Oct. 5. K. A. vol. I, f 169.

4) St. A 308/3 f. 226 und K. A. vol. I, f. 279 ff.

5) Der Rath an Ulm 1601 Nov. 10. K. A. vol. I, f. 279 ff. Die Antworten des Bischofes und des Abtes fehlen, für Herzog Wilhelm antwortete Maximilian unter dem 24. Oct.: er habe vernommen, was der Rath an seinem Vater wegen des früheren Auftrags für diesen, den verstorbenen Bischof von Augsburg und Isung geschrieben; „wann uns künftig dergleichen commission einlangen wird, werden wir eures schreibens und bitte eingedenk sein." St. A. 308/3 f. 144. Der erweiterte Auftrag vom 29. Oct. war ja noch nicht angelangt.

Nachricht gegeben und ihm empfohlen worden, die Wahl einige Tage früher als sonst vorzunehmen, doch hatte er es — aus Zaghaftigkeit oder im Vertrauen auf jene Antworten der Fürsten — unterlassen.¹) Dem kaiserlichen Befehle Trotz zu bieten, wagte er nun nicht, berichtete aber sofort an Ulm, welches darauf den Städteausschuß, der im Dezember zusammentrat,²) veranlaßte, ihm, Memmingen und Kempten den Auftrag zu ertheilen, Kaufbeuren, falls eine neue Kommission angestellt werde, Beistände zu senden.³) Die Ankündigung jener traf Mitte Januar 1602 in der Stadt ein: am 10. Februar, schrieben Bischof Heinrich und Herzog Maximilian, würden ihre Räthe zur Vollziehung des kaiserlichen Auftrags von 1592, zur Rücknahme der Pfarrkirche und zur Untersuchung der kirchlichen und politischen Verhältnisse ankommen.⁴) Alsbald ersuchte der Rath die zugeordneten drei Städte, ihre Beistände schleunigst zu senden,⁵) und fertigte den Stadtanwalt mit der Bitte um solche an den Herzog von Würtemberg und den Markgrafen Ernst Friedrich von Baden=Durlach ab.⁶) Jener bewilligte die Beiordnung, Markgraf Georg Friedrich von Baden=Hochberg aber, zu welchem Bonrieder auf Rath der Würtemberger, „weil Herr Ernst Friedrich von der reinen religion (laider) abgewichen,"⁷) eilte, entschuldigte sich wegen Kürze der Zeit und einer bevorstehenden Reise.⁸)

Die Abgeordneten Würtembergs und der drei Städte trafen kurz vor denen der kaiserlichen Bevollmächtigten in Kaufbeuren ein.⁹) Durch ihre Anwesenheit war von vornherein die Ausführung der Kommission unmöglich gemacht, denn nicht nur mußte sie dem Rathe Muth verleihen und ihn vor solchen Fehlern, wie er seit 1588 begangen hatte, bewahren, sondern es lag auch in der Art der beiden großen Parteien im Reiche, daß jede scheu zurückwich, wo sie bei ihrem Vordringen unmittelbar auf die andere stieß. Wir haben gesehen, wie ängstlich der Kaiser und die

---

1) Kfb. an Ulm, 1601 Nov. 10. K. A. vol. I, f. 279 ff. Die Gründe, welche der Rath für seine Unterlassung angibt, sind offenbar nicht die wahren.

2) Kfb. ließ dort durch Ulm einen weitläufigen Bericht über die Handlung von 1588 und seine religiösen Verhältnisse übergeben, in welchem besonders die Bedenklichkeit einer Untersuchung des Haushaltes hervorgehoben wurde. K. A. vol. II, p. 41 ff.

3) Protokoll, Ulm 1601 Dez. 18. K. A. vol. I, f. 307 ff.

4) St A. 308/3 f. 250. 1602 Jan. 10.

5) K. A. vol. II, f. 145.

6) A. a. O. f. 141.

7) Gutachten der württemb. Räthe. A. a. O. f. 155.

8) Bericht Bonrieders und Beilagen. A. a. O. f. 178 und 187 ff.

9) K. A. vol. II, p. 166 und 590, Ulmer Ratsprot. 1602 Febr. 25 a. St., Memminger Stadtarchiv.

früheren Kommissäre die Einmischung der protestantischen Stände zu verhüten suchten, und es ist unbegreiflich, daß Herzog Maximilian und Bischof Heinrich den Fehler begehen konnten, der Stadt von der Kommission vorher Anzeige zu machen, zumal diese darum mit dem ausdrücklichen Zusatze, daß sie sich Beistände erbitten wolle, nachgesucht hatte.[1]

Ihre Subdelegierten[2] wagten angesichts der protestantischen Beistände[3] nicht, mit Entschiedenheit vorzugehen,[4] sondern ließen in ihrer Verlegenheit, nachdem sie am 12. Februar den kaiserlichen Auftrag mitgetheilt und zum Gehorsam gegen ihn ermahnt hatten,[5] zunächst die von Dr. Scheiterberger aus Augsburg[6] vertretenen Katholiken und den Rath „ihre Nothdurft" gegen einander vorbringen.

In endlosen Schriften und Erklärungen[7] wurden neun Tage lang die Beschwerden der Katholiken und mit den gewöhnlichen Ausführungen

---

[1] Gailkircher schrieb 1601 Dez. 9 an den bisch. Rath Paul zum Acker: man dürfe nicht vergessen, die Kommission den Kaufbeurern, wie sie gebeten, vier Wochen vorher anzukündigen, damit sie nicht Gelegenheit zu Ausflüchten hätten. B. A. Man scheint nicht daran gedacht zu haben, wie die Handlung von 1588 verlaufen war, und daß die Einmischung der protestantischen Stände ein weit größeres Hinderniß werden mußte, als alle Ausflüchte des Rathes.

[2] Es waren für Augsburg: Hans Diebold von Gemmingen, Statthalter zu Dillingen, und Paul zum Acker Dr. der Rechte, für Baiern: Dr. Joh. Gailkircher, Hofkanzler, und Köppl, Kastner zu Landsberg.

[3] Der Rath entschuldigte ihre Anwesenheit beim Anfang der Handlung damit, daß es bei den Protestanten herkömmlich sei, in dergleichen Fällen einander beizustehen. K. A. vol. II, p. 227 Die Beistände „widersprachen darauf dise so übel ausgebrachte commission," weil sie nur aus Katholiken bestehe. Das. f. 343.

[4] Gailkircher an Herzog Maximilian. 1602 Febr. 15. St. A. 308 3 f. 255. Württemb. Abgeordnete an ihren Herrn, 1602 März 4. K. A. vol. II, p. 390 ff.

[5] Ueber die Verhandlungen liegt ein kurzes Protokoll K. A. vol. II, p. 227 ff. vor, ein anderes, ausführliches B. A.

[6] Der Abt von Kempten hatte den Katholiken auf ihr Ersuchen [B. A.] seinen Kanzler Dr. Seybold als Beistand geschickt, [St. A. 308/3 f. 274 und K. A. vol. II, p. 390] doch wird derselbe bei den Verhandlungen nicht erwähnt.

[7] Erkl. der Kath. vom 12. Febr. K. A. vol. II, p. 227 ff. Replik des Rathes vom 13. Febr. das. p. 343 ff. Duplik der Kath. vom 16. Febr. p. 449 ff. Triplik des Rathes vom 18. Febr. p. 481 ff. Receß der Kath. vom 20. Febr. p. 213 ff. Quadruplik des Rathes vom 21. Febr. p. 559 ff. Viel ist in diesen Schriften von Retters Sache die Rede, gegen welchen der Rath in diesen Tagen eine weitläufige Untersuchung wegen Veruntreuung im Fischmeisteramte anstellte, um seine Absetzung zu rechtfertigen. Der Keßler Schwarz hatte sich an den Kaiser gewendet, welcher in seinem Auftrage vom 29. Okt. den Kommissären befahl, die Angelegenheit zu untersuchen; die Subdelegierten bewirkten die Wiederaufnahme des Keßler „beinahent ohn all entgelt." Retter blieb entsetzt.

das Recht das Rathes auf Mitbenützung der Kirchen, beliebige Verwendung der Gefälle u. s. w., sowie die Bestimmungen des Religionsfriedens erörtert. Die Katholiken verlangten zuerst: Rückgabe der Pfarr-, Siechen- und Spitalkirche, Anstellung eines katholischen Schulmeisters und Meßners, Gleichheit in Besetzung von Rath und Aemtern und Einführung des neuen Kalenders, sowie Untersuchung des Haushaltes und der Verwaltung; dann als sich die Erbitterung durch den Schriftwechsel steigerte, auch noch Rückgabe aller Stiftungen, Gefälle und Urkunden, die einst im Besitze der Katholiken gewesen, und Rechnungsablage über die kirchlichen Einkünfte seit 1557. Der Rath bot dagegen den Katholiken die Frauenkirche oder Vergleichung gelegenerer Stunden für den Gottesdienst an; die Aufnahme derselben in die Behörden bezeichnete er als wegen ihrer Unverträglichkeit, Untauglichkeit und Armuth unmöglich, die übrigen Forderungen als unberechtigt.

Nachdem beide Theile sich erschöpft hatten, erklärten endlich am 21. Februar die Subdelegierten, sie wollten jetzt zu der ihnen vom Kaiser aufgetragenen Untersuchung schreiten, und solle der Rath deshalb die Zeugen, welche sie vorfordern würden, ihres Bürgereides entbinden. Der Rath weigerte sich dessen und auf Ansuchen seiner Beistände gaben die Subdelegierten nach, mit diesen die Vereinbarung eines gütlichen Vergleiches zu versuchen. Am 22. wurde ihnen der Entwurf eines solchen übergeben. Die Katholiken, aufgefordert, sich über ihn zu erklären, baten jedoch dringend, daß vor allem die Untersuchung vorgenommen werde, und so erneuerten denn die Subdelegierten am 23. ihr Begehren an den Rath. Dieser blieb bei seiner Weigerung: die Untersuchung sei ihm überhaupt höchst bedenklich, und könne er sie jetzt um so weniger gestatten, als der kaiserliche Auftrag zur Anstellung eines förmlichen Verhörs, bei dem die Zeugen ihres Bürgereides zu entbinden, keine Vollmacht gebe: dagegen wolle er selbst gern in allen Beziehungen noch weiter Rede und Antwort stehen.[1] Die Subdelegierten sahen ein, daß, da der kaiserliche Befehl wirklich nicht bestimmt genug lautete, nicht weiter zu kommen sein werde, und sie sich darauf beschränken müßten, den Katholiken bis zur Erneuerung der Handlung auf Grund hinlänglicher Vollmacht eine möglichst günstige Lage zu sichern. Sie wiesen daher zwar die Antwort des Rathes zurück, weil darin gesagt war, die Katholiken wollten von einem Vergleiche nichts wissen,[2] und drohten in ihrer Entgegnung auf die verbesserte Schrift, die Eidesentbindung selbst vorzunehmen, forderten aber schließlich den Rath auf: „uff schädliche

---

1) K. A. vol. II, p. 405.
2) Prot. der augsb. Subdel. B. A.

und friedliche mittel bedacht zu sein," und als derselbe hierauf bat, sie möchten sich über den Vorschlag seiner Beistände vom 22. erklären, nahmen sie sofort die Besprechungen mit diesen auf, welche denn nach langem Verhandeln dahin führten, daß am 27. Februar, vorbehaltlich der Bestätigung des Kaisers sogenannte „Interimsmittel" vereinbart wurden.[1]) Der Pfarrer erhielt eine Gehaltszulage von 50 Gulden, der Kaplan im Mairhof, der ihm bisher für 20 geholfen, eine solche von 30.[2]) Die katholischen Schulkinder sollten hinfort nur vom Kantor unterrichtet, dafür das eine Schulhaus eingeräumt, und jenem außer Holz noch 20 Gulden mehr gegeben werden. Anstatt der beiden protestantischen Meßner sollten zwei katholische bestellt werden. In der Pfarrkirche sollte der Gottesdienst der Protestanten im Sommer bis acht, im Winter bis halb neun, sowie von zwölf bis ein Uhr stattfinden, das Chor aber den Katholiken allein bleiben, doch den Protestanten gestattet sein, beim Abendmahl um den Frühmeßaltar, welcher am Anfang des Chores stand, herumzugehen[3]) Der neue Kalender sollte auf dem Lande ausschließlich gelten, in der Stadt aber wenigstens am Himmelfahrts- und Frohnleichnamsfeste nicht mehr der Wochenmarkt gehalten werden. Die in den drei Stadtbehörden freistehenden vier Stellen sollten bei der nächsten Wahl mit Katholiken besetzt werden, diese jedoch bis zur Entschließung des Kaisers noch unterbleiben, und inzwischen die Urkunde der Wahlordnung [welche der Rath nicht finden zu können, wiederholt feierlich betheuert hatte] beigebracht werden.

Noch am Tage des Abschlusses wurde dieser Vergleich allen Bürgern bekannt gemacht und sie zu treuer Beobachtung desselben sowie zu friedlichem Verhalten gegen einander ermahnt. Gleich darauf reisten die Verordneten ab.

Dem Anscheine nach hatte die protestantische Partei den Sieg davon getragen, in der That aber war mit dem Vergleiche doch nichts als ein Aufschub für die Stadt und ein ehrenvoller Rückzug für die Subdelegierten gewonnen, denn so sehr derselbe auch der Billigkeit entsprach, so war es doch selbstverständlich, daß man sich katholischerseits nicht dabei beruhigen und er deshalb am kaiserlichen Hofe nicht bestätigt werden

---

1) St. A. 308/3 f. 259 ff.

2) Die Subdelegierten hatten anfangs für den Pfarrer, welcher bis dahin 304 Gulden bezogen, [Hörmann] 100 und für einen anzustellenden Kaplan 200 Gulden verlangt; der Rath erklärte, so hohen Zuschuß nicht leisten zu können, da die Ausgaben für das Kirchen- und Schulwesen ohnehin die Einkünfte jährlich um 70 Gulden überstiegen. Städt. Prot.

3) Die Beistände des Rathes schlugen Abtheilung der Kirche vor, welche die Subdelegierten jedoch im Hinblick auf ihr Endziel verwarfen. Prot.

würde, da jene Zeit im Haber über wichtige Dinge verbittert, auch in den kleinsten vom Buchstaben des wirklichen oder vermeintlichen Rechtes nicht weichen zu dürfen glaubte, und Rücksichten der Billigkeit oder Duldsamkeit nur als Forderung an den Gegner kannte.

Bischof Heinrich und Herzog Maximilian drangen denn auch in dem Berichte, welchen sie dem Kaiser über die gepflogene Handlung erstatteten[1]), nachdrücklich auf volle Durchführung der früher beabsichtigten Maßregeln. Ohne diese, sagten sie, werde nichts Ersprießliches für die Katholiken zu erreichen sein; der Kaiser möge daher an den Rath die bestimmte Weisung erlassen, sich der Untersuchung zu unterwerfen, und für den Fall neuer Weigerung die Subdelegierten zur Eidesentbindung ermächtigen, sowie durch ein „Poenalmandat" mit kurzer Frist die Räumung der Pfarrkirche auferlegen; wenn diese Befehle vollzogen, würden „verhoffentlich vil aus rath und gemeind, so sich weder zu der catholischen noch augsb. confession religion bekennen, sondern neutrales sind, ad gremium s. ecclesiae desto besser gebracht werden." Das Verbot der Rathswahl baten sie bis nach der Untersuchung aufrecht zu halten. Inzwischen war in Kaufbeuren der geschlossene Vergleich bereits über den Haufen geworfen. Der Rath selbst hatte ihn nicht streng beobachtet, denn er übergab zwar am 10. März das eine Schulhaus den Katholiken[2]), auch wies er die katholischen Kinder dem Kantor zu, aber er ließ trotz des Pfarrverwesers Widerspruch neben dem neuen katholischen Meßner auch den evangelischen an der Pfarrkirche im Amte und wies jenem außer der üblichen Besoldung nur das noch zu, was er bei katholischen Taufen, Hochzeiten, Leichen u. s. w. „erobern" könne. Als dann die Osterzeit[3]) herannahte, „ersuchte" er den Pfarrverweser, nachdem er ihn wegen Störung einer Mittagspredigt zurechtgewiesen,[4])

---

1) Der Bericht wurde bei einer Zusammenkunft der Subdelegierten zu Fürstenfeld am 17. April vereinbart. St. A. 308/3 f. 272 u. 274 ff.

2) Rathsprot. Dem Folgenden liegt ein Rathsbericht (K. A. vol. II, p. 85 ff.) und der Bericht des kath. Gastwirthes Abr. Mangolt (B. A.) zu Grunde.

3) Ostern fiel für die Katholiken auf den 7., für die Protestanten auf den 4./14. April.

4) Rathsbericht. In dem kaiserl. „Poenalmandat" vom 23. Okt. 1602 heißt es: der Rath habe am 29. März dem Pfarrverweser schriftlich mitgetheilt, daß man bei dem Vertrage vom 27. Febr. nicht zu bleiben gedenke, weßhalb er zum Gottesdienste nicht eher läuten lassen solle, als bis die Evangelischen die Kirche verlassen hätten. Es ist nicht ersichtlich, ob der Tag nach altem oder neuem Stil angegeben; wahrscheinlich ist letzteres der Fall, und danach der Rathsbericht zu ergänzen; andernfalls hätten wir in dem Befehl eine Fortsetzung der durch den gleich zu erwähnenden Aufruhr veranlaßten Maßregeln.

er möge, damit die Beichte der Protestanten nicht gestört werde, während derselben am heil. Grabe nicht singen lassen, oder dieses in's Chor verlegen; jener wollte jedoch höchstens zugestehen, daß die Knaben so leise singen sollten, als ob sie läsen, worauf der Rath wieder nicht eingehen zu können glaubte, weil die Knaben dann die Beicht belauschen könnten. So blieb die Sache unentschieden. Als nun am 4. April der Rath den Predigern und der Gemeinde anzeigte, daß man den „Interimsmitteln" gemäß statt im Chor im Schiffe der Kirche beichten und nach dem Abendmahl nicht in jenes hinaufgehen solle, entstand große Unruhe, zumal schon vorher Gerüchte gingen, die katholischen Nachbarn wollten die Stadt überziehen: wie den Kopf [das Chor], schrie die Menge, werde man auch den Leib und die Glieder hingeben müssen; der Rath habe bei Abschließung des Vergleiches wie 1588 nur auf eigene Hand gehandelt, die Gemeinde würde nie darein gewilligt haben. Daß etliche Rathsherren erklärten, sie wüßten von der Bestimmung wegen des Chors nichts, hätten auch den Vergleich, als man ihn unterzeichnen müssen, nicht verlesen hören, steigerte die Erbitterung. Am nächsten Morgen zogen an 400 Mann auf's Weberhaus und ließen durch Abgeordnete vom Rathe die Zurücknahme seiner Anordnung fordern. Dieser verlor sogleich den Kopf und gab der Unbesonnenheit der Menge nach. Er ließ alsbald die Chorknaben und den Kantor durch den Büttel aus der Kirche auf's Rathhaus holen, und verbot ihnen, am Nachmittag dieses und des folgenden Tages in die Kirche zum Grabe zu kommen.[1]) Das Chor wagte er nicht ohne weiteres zurückzunehmen, sondern er suchte sich eine scheinbare Rechtfertigung zu sichern, indem er nach vorgängiger Ermahnung der Unruhigen, von ihrem Begehren abzustehen, die katholischen Bürger auf's Rathhaus entbieten und durch einen Ausschuß von zwanzig aus ihnen mit einem solchen der Gegner unterhandeln ließ; jene wollten, die Absicht des Rathes erkennend, ihm als der Obrigkeit die Entscheidung anheimstellen, wurden aber schließlich nach dreistündiger Verhandlung durch Drohungen[2]) zum Nachgeben gezwungen.

Als die Kunde von diesen Vorgängen dem Bischofe von Augsburg zukam, wies derselbe die Katholiken an, einen Bericht darüber zusammen zu stellen, und ersuchte, nachdem dieser im Anfang August eingelaufen war, unter Hinweis auf ihn mit Herzog Maximilian den Kaiser dringend um baldige Entschließung.[3]) Am prager Hofe mochte

---

1) Rathsprot. v. 25. März a. St. Kais. Poenalmandat. Der Rathsbericht erwähnt dieses Verbot nur nebenbei.

2) Bericht Mangolts und kais. Poenalmandat. Der Rathsbericht spricht nur von „Mahnungen" an die bisherige Eintracht.

3) Die Beschwerdeschrift der Kath. und die Mahnung der Kommissäre an den

man — mit Recht — gescheut haben, die Verantwortlichkeit für eine
so gehäſſige Maßregel wie die Verwerfung der von den Subdelegierten
und den Abgeordneten der protestantischen Stände vereinbarten Interimsmittel zu übernehmen; nachdem die Evangelischen selbst jetzt den
Vertrag gebrochen hatten, konnte ein weiteres Vorgehen gegen sie durch
ihre Treulosigkeit und „Verachtung der kaiserlichen Hoheit" gerechtfertigt
erscheinen, und so erließ denn der Kaiser am 23. Oktober dem früheren
Antrage der Bevollmächtigten gemäß zwei Befehle: in dem einen wurden
die hinsichtlich der Untersuchung und der Rathswahl erbetenen Weisungen
ertheilt, und die Annahme des neuen Kalenders angeordnet;[1]) in dem
anderen, dem „Poenalmandat", befahl der Kaiser nach Aufzählung der
Verletzung der Interimsmittel, da er an dieser „verächtlichen elusion"
der Anordnung seiner Bevollmächtigten „sonderes ungnediges misfallen"
trage, und aus den Verhandlungen sich finde, daß den Protestanten nach
den Verträgen von 1552 und 1555 nicht gebürt habe, die Pfarrkirche
einzunehmen, diese bei Vermeidung seiner Ungnade und einer Strafe
von 50 Mark löthigen Goldes (die halb der Hofkammer, halb den
katholischen Mitbürgern zufallen sollten) alsbald den Katholiken abzutreten,
wie dieselben sie vor dem Religionsfrieden innegehabt,
und binnen sechs Wochen nach Mittheilung des Mandates die „parition"
beim Reichshofrathe „zu docieren."[2])

Von diesen Erlaſſen erhielt die Stadt sogleich wie vorher von dem
Berichte und der Anmahnung der Bevollmächtigten durch einen gewiſſen
Dr. Blasius Rauenzeller, der sie am Hofe in ihrem Handel wegen der
rückständigen Kreistürkensteuern vertrat, Abschriften.[3]) Sie schickte daher im Anfange des Jahres 1603 ihren Anwalt Hans Georg Bonrieder
zum Reichstage nach Regensburg und ließ durch ihn dem Städterathe
eine weiläufige Schrift überreichen, worin sie die Vorfälle seit 1588 und
wie sich die Kommissäre ihrer Räthe „vilfältigem erbieten" zuwider um
Nichtbestätigung der Interimsmittel bemüht,[4]) berichtete, und bat, da

---

Kaiser fehlen; obige Angaben enthält ein Schreiben des Biſchofs an den Herzog vom
20. Aug. 1602. St. A. 308/3 f. 282

1) B. A.

2) K. A. vol. II, p. 60 ff. Sehr befremdend iſt, daß des Verſprechens,
welches der Rath 1588 gegeben, nicht gedacht wird.

3) K. A. vol. II, p. 765, 769, 789. Die Abschriften der Befehle vom 23. Okt.
schickte R. schon am 26. gl. Mts. mit dem Bemerken, er habe sie für 6 Dukaten
erhalten.

4) Die kaif. Entschließung, sagt der Rath, würde wohl schon dem Ansuchen der
Bevollmächtigten gemäß erfolgt sein, wenn nicht der Reichstag dazwischen gekommen
wäre; er gedenkt der Befehle vom 23. Okt. wohl deßhalb nicht, weil er nicht wußte,
ob sie den Kommissären schon zugekommen seien, und er dem Kaiser die Zurück-

man offenbar die A. C. zu vernichten trachte, ihre Sache als ein "gemain gravamen" an die höheren evangelischen Stände gelangen zu lassen, damit wenigstens eine "gleichmäßige" Kommission eingesetzt werde, und die den Freiheiten aller Reichsstädte¹) höchst "praejudicierliche" Untersuchung des Haushaltes und der Verwaltung unterbleibe; auch ersuchte sie um Rath, wie die Freigabe der Wahl nach Karl's V. Ordnung zu erlangen, und was einer neuen Kommission gegenüber zu thun.²) Die Städte³) beschlossen, da der kaiserliche Bevollmächtigte, Erzherzog Mathias, erklärt habe, der Kaiser werde, wenn ihm Beschwerden über bestimmte Fälle vorgelegt würden, dabei thun, was recht sei, die Sache Kaufbeurens diesem anzubringen, und zu bitten, daß die Stadt bei den Interimsmitteln gelassen oder doch eine Kommission aus Katholiken und Protestanten in gleicher Zahl ernannt, vor allem aber die Rathswahl wieder freigegeben werde. Demgemäß wurde, nachdem Bonrieder noch eine eingehende Darstellung der Verhältnisse und Vorgänge in Kaufeuren überreicht hatte,⁴) am 28. Juni ein dringendes Fürschreiben an den Kaiser verfaßt.⁵) Zugleich bat man Würtemberg, Pfalz-Neuburg und Baden-Hochberg, sich in gleicher Weise für Kaufbeuren zu verwenden, und ersuchte sie, sowie Ulm, Kempten und Memmingen der Stadt im Nothfalle Beistand zu leisten.⁶) Die Ausfertigung des Fürschreibens der Fürsten zog sich wieder lange hin;⁷) erst am 6. Oktober konnte der Rath es mit dem der Städte und einer eigenen Bittschrift entsprechenden Inhaltes⁸) nach Prag abschicken.⁹) Dort übergab der Agent des

---

ziehung derselben nicht unmöglich machen, sowie Rauenzeller nicht gefährden wollte. Den Bericht der Kommissäre führt er fast wörtlich an.

1) Es hieß damals, der Kaiser beabsichtige eine Untersuchung des Haushaltes in allen Reichsstädten "ratione denegatarum contributionum;" Berndorf an Bonrieder, Prag 1603 April 3. K. A. vol. III, p. 63. Am 17. Juli gl. J. schrieb Berndorf: man höre nichts mehr davon; die Nachricht sei wohl nur ein Schreckschuß gewesen. Das. p. 145.

2) K. A. vol. III, p. 2 ff.

3) Köln, Achen, Hagenau und Rottweil traten ab, weil es sich um eine Religionssache handle; es wurde ihnen verwiesen, da die Beschwerde nur die Hofprozesse betreffe, die bisher auch sie als "gemeines gravamen" betrachtet. K. A. vol. III. p. 45.

4) K. A. vol. III, p. 69 ff.

5) A. a. O. p. 89 ff.

6) A. a. O. p. 91 und 113 ff.

7) Es ist vom 19. Aug. ausgestellt, [A. a. O. p. 129 ff.] und entspricht ganz dem der Städte, nur wird seltsamer Weise nicht ausdrücklich um Freigabe der Wahl gebeten.

8) A. a. O. 241 ff.

9) Man hatte anfangs beabsichtigt, die Schreiben durch Abgeordnete übergeben

Herzogs von Pfalz-Neuburg, David Gering von Berndorf, der sich schon seit einiger Zeit der Stadt annahm, die Schreiben selbst dem Reichs-Vicekanzler, doch konnte er trotz aller Bemühungen keinen Bescheid ausbringen.¹)

Bischof Heinrich und Herzog Maximilian hatten indessen bereits seit Anfang Januar 1603 die Befehle vom 23. Oktober in Händen;²) sie hatten jedoch die Wiederaufnahme der Handlung aus Rücksicht auf den Reichstag bis nach demselben verschoben,³) und dann führte eine Reise des Hofrathes Dr. Otto Forstenhauser, den Maximilian diesmal mitabordnen wollte, eine neue Verzögerung herbei.⁴) Doch schickte der Herzog zu dem gewöhnlichen Wahltage einen Boten mit dem Schreiben des Kaisers, welches die Vornahme der Wahl verbot, nach Kaufbeuren. Der Rath schlug demselben Geschäfte halber das verlangte sofortige Gehör ab und vertröstete ihn auf den folgenden Tag, an welchem jedoch der Bote, nachdem er gesehen, daß die Neuwahl unterlassen worden, ohne das Schreiben abzugeben „spornstraichs" von dannen ritt.⁵) Erst im Februar 1604 wurde endlich die Ausführung des kaiserlichen Auftrages von Dr. Forstenhauser mit augsburgischen Räthen zu Bruck vereinbart.⁶) Man beschloß, am 7. März, ohne vorherige Anzeige⁷) — damit die Stadt nicht wieder Beistände herbeirufen könne — in Kaufbeuren einzutreffen, und um Unruhen zu verhüten, etliche aus der Gemeinde der Mittheilung der kaiserlichen Schreiben anwohnen zu lassen. An der gutwilligen Abtretung der Pfarrkirche zweifelte man auch jetzt noch, und stellte daher dem Herzoge anheim, ob er nicht zur Zeit der Handlung in den Kaufbeuren benachbarten Oertern das Landvolk mustern

---

zu lassen, der pfalzneuburger Agent am kais. Hofe widerrieth es jedoch; die Kosten, sagte er, [K. A. vol. II, p. 145] würden unnütz aufgewendet sein, denn man pflege lange auf Bescheid warten zu lassen und beim Kaiser selbst werde die Gesandtschaft doch schwerlich Zutritt erlangen: „solte sie dann für den kais. räthen ohne praesent erscheinen, dürfte sie wohl von etlichen schlimm angesehen werden."

1) Berndorf an Bonrieder, 1603 Nov. 7 und 1604 Jan. 1. K. A. vol. III, p. 277 und 290.
2) Der Herzog an den Bischof 1603 Jan. 14. St. A. 308/3 f. 284.
3) Der Bischof an den Herzog. St A. 308/3 f. 285. Man wollte dem Rathe nicht Gelegenheit geben „durch allerhand verschlagene practicken und heimliche conspirationes" bei den Reichsständen den Befehlen wieder auszuweichen. — Vgl. d. Bericht der Bevollmächt. K. A. vol. III, p. 719.
4) St. A. 308/3 f. 288.
5) Bonrieder an Berndorf 1613 Dez. 2. K. A. vol. III, p. 135.
6) Forstenhauser an den Herzog. 1604 Febr. 16 St. A. 308/3 f. 291 ff.
7) Um diese hatte der Rath den Herzog wiederum gebeten, da er ohne Beistände sich auf die Handlung nicht einlassen könne. Datum sonnabend den 7. Febr. corrigirt. cal. anno 604. K. A. vol. III, p. 347.

laſſen wolle, „ob villeicht die Kaufbeurer dadurch deſto eher zur parition zu bewegen."

Es ſcheint nicht, daß Maximilian dieſer Aufforderung nachkam. Die Zaghaftigkeit und Ungeſchicklichkeit, welche der Rath, wie immer, wenn er auf ſich angewieſen, auch diesmal bewies, machte es unnöthig und ließ das Geſchäft der Subdelegierten ſich ſehr leicht und befriedigend abwickeln.

Am 11. März 1604 — böſe Wege hatten die Ankunft der augsburger Räthe verzögert,[1] — begannen die Verhandlungen[2] mit Verleſung der kaiſerlichen Befehle und einer eindringlichen Ermahnung an den mit Gericht und Gemeinde vorgeforderten Rath. Dieſer bedauerte, daß die Subdelegierten unangemeldet erſchienen ſeien, ſo daß er die ihm von den evangeliſchen Ständen zugeordneten Beiſtände nicht habe berufen können; ſie, die Rathsherren, ſeien als ſchlichte, einfältige Leute dergleichen Sachen nicht gewachſen; man möge ihnen Bedenkzeit gewähren. Die Subdelegierten entgegneten: es ſei nicht gebräuchlich, die Zuſtellung kaiſerlicher Befehle vorher anzuzeigen; der Rath brauche auch keinen weiteren Beiſtand, habe er doch ſeinen Anwalt zur Seite; mit „unverſtentlichkeit" könne er ſich nicht entſchuldigen, denn die Sache ſei einmal 1588 dem Kaiſer zur Entſcheidung heimgeſtellt; am nächſten Tage ſolle er „mit der parition und fernerer handlung gefaßt erſcheinen." Der Rath übergab darauf am 12. eine „ſummariſche petitionsſchrift." Er erkenne ſich allerdings ſchuldig, ſagte er, dem kaiſerlichen Befehle zu gehorchen, aber man habe für die Menge der Evangeliſchen ſonſt in keiner Kirche Platz, wie das 1583 die Kommiſſäre ſelbſt anerkannt hätten; „auch [ſei] gedachte submission von bürgermeiſtern und rath ohne einwilligung des gerichts und der gemein faſt ungleich erlangt worden;" man möge alſo — „auch zu vermeidung der gefahr von dem gemeinen mann," der ſich höchſt unruhig zeige — dem Kaiſer die Unmöglichkeit der Abtretung darlegen und Aufhebung des Pönalmandates bewirken, wozu die im Oktober 1603, mithin lange nach Erlaß der vorgelegten Befehle, dem Kaiſer überreichten Fürſchreiben ohne Zweifel „nicht wenig beförderlich" ſein würden.[3] Die Subdelegierten ſchlugen die Bitte kurzweg ab und beſtanden auf ſofortiger Unterwerfung unter die kaiſerlichen Befehle. Um dieſer auszuweichen, hätte der Rath unter Hinweis auf die Verwendung der evangeliſchen Stände Berufung an den Reichstag einlegen müſſen, er gab jedoch alsbald ſeinen zaghaften

---

1) Forſtenh. an den Herzog 1604 März 12. St. A. 308/3 f. 296. Außer F. hatte Maximilian Köppl geſchickt; die biſchöfl. Abgeordneten waren dieſelben wie 1602.
2) Darüber das Rathsprot. K. A. lit. B. f. 215 ff.
3) St. A. 308/3 f. 301.

Widerstand auf und erklärte nach kurzer Berathung: „weil sich die
h. subdelegierte auf der k. mt. so ernstlichen befehl ziehen theten, so
müessen sie es geschehen lassen, wöllen auch solchs der übrigen burgerschaft anzeigen;" hinsichtlich des zweiten Befehls möge man ihnen noch
Bedenkzeit gewähren. Diese wurde bewilligt.

Der Rath ließ darauf am 13. die Bürger, welche in der vergan-
genen Nacht auf das Gerücht hin, die Subdelegierten wollten, weil man
sie abschläglich beschieden, abreisen, bewaffnet zusammengelaufen waren
und die Thore besetzt hatten,[1]) auf dem Rathhause und den Zunft-
stuben sowie am Sonntag Reminiscere [d. 14.] durch die Prediger
zur Ruhe ermahnen und benachrichtigen, daß er trotz aller Mühe die
Abtretung der Pfarrkirche nicht habe abwenden können: „welches sie
zwar schwer ankommen." Dann verhandelte er mit ihnen über die
Annahme des neuen Kalenders; anfangs wollten sie sich durchaus nicht
„dazu bekennen," auf vieles Zureden aber stellten sie endlich die Entscheidung dem Rathe anheim. Dieser erklärte darauf am 15. den Subdelegierten: Obgleich von zwei katholischen Bürgern noch täglich schwere
Drohungen vorkämen, daß in dem kaiserlichen Poenalmandat mehr als
die Räumung der Pfarrkirche geboten sei, so wolle er doch, „wenn es
— — — je nit anderst sein kann, sodann unter angeuteter abtretung
allein die bloße absonderung der gemainen kirchen und predigstuels gemeint und verstanden, sonsten aber [dieselbe] sowohl an freier übung
und gebrauch der A. C. religon als auch mit bestellung und unberhal-
tung desselben ministerii und aller anderer dies orths hergebrachten
rechten und gerechtigkeiten sowohl der oberkeit als der ev. burgerschaft in
all weg unpräjudicierlich und unnachtailig" sein solle, die Abtretung
längstens bis Palmsonntag [11. April] vollziehen; doch behalte er sich
wegen der Wacht, des Sturmläutens u. s. w. den Zutritt zum Thurm
vor, in welchem er indeß, damit man nicht durch das Chor zu gehen
brauche, einen besonderen Eingang brechen lassen wolle. Die Eidesentbindung, die Unterlassung der Rathswahl, und — „sofern damit kein
praeiudicium der augsb. confession gemeint" — die Einführung des neuen
Kalenders solle geschehen.[2]) Die Subdelegierten wiederholten die Versicherung, daß man nicht beabsichtige, das evangelische Bekenntnis dem
Religionsfrieden zuwider zu beeinträchtigen,[3]) erklärten sich mit der
Antwort des Rathes befriedigt, und versprachen, „solchen gelaisten schuldigen gehorsam der röm. k. mt. der gebür nach zu referieren und zu
rüemen; den punctum restitutionis aber betreffent, wolten sie solche

---

1) Hörmann.
2) St. A. 308/3 f. 306 ff.
3) Ksb. an Ulm. 1604. K. A. vol. III, p. 801 ff.

parition und ob dieselbige dem kaif. mandat durchauß gemeß völliglich beschehen," dem Kaiser „haimgestellt" und den Rath „zu gebürender docierung der parition" hiermit ermahnen haben. ¹)

Dieser Vorbehalt der Subdelegierten hatte eine sehr gefährliche, durch die Verwahrung, welche der Rath seiner Erklärung eingefügt hatte, nicht ausgeschlossene Bedeutung: sie nämlich, wie auch die durch Dr. Scheiterberger vertretenen katholischen Bürger verstanden wirklich den kaiserlichen Befehl, die Pfarrkirche solle den Katholiken eingeräumt werden, wie sie dieselbe zur Zeit des Religionsfriedens besessen, dahin, daß alle Nebenkirchen, Kapellen, Pfründen, Stiftungen und Gefälle, welche früher dem katholischen Gottesdienste gewidmet gewesen, zurückgegeben werden sollten,²) doch mochten sie diese Forderung, weil sie in dem kaiserlichen Befehle nicht ausdrücklich geboten war und sie „gradatim", wie einst Nabler gesagt hatte, vorzugehen für geeigneter hielten, nicht jetzt schon stellen.

Am 16. wurden die von den Subdelegierten bezeichneten Bürger und Rathsfreunde vom Rathe ihrer Pflicht entlassen, worauf dieser abtrat und die Subdelegierten das Verhör begannen,³) Bei diesem wurden die Katholiken über die Kirchen, Kapellen, Schulen, Stiftungen, kirchlichen Einkünfte, die frühere Zahl der Geistlichen und dergleichen, die Protestanten über der Stadt und Pflegschaften Einkommen, das Geld- und Steuerwesen, die Rechtspflege und die gesammte Verwaltung, beide über die Wahlordnung, die Stadtschulden und die Besetzung der Behörden und der Aemter befragt.⁴) Außer über die Geldwirthschaft erfuhr man wenig mehr als bereits in den Beschwerdeschriften der Katholiken und den Rathsentgegnungen enthalten war; die Urkunde der Wahlordnung, welche der Rath wieder nicht finden zu können und nie gesehen zu haben, feierlich versichert hatte, wollte Andreas Retter noch vor fünf Jahren in Händen gehabt haben, über ihren Verbleib wußte niemand etwas zu sagen. Am 26. wurde das Verhör geschlossen, und die Subdelegierten verließen, nachdem sie am 27. die Bürger beider

---

1) A. a. O. p. 467.
2) Baier. Subdel. an den Herzog 1604 März 16. St. A. 308/3 f. 298.
3) Die Verhörsprotokolle im B. A.
4) Der Rath berichtet über die Untersuchung an Ulm: Bei derselben hätten die Subdelegierten nicht so sehr den Kircheneinkünften und dergleichen noch der Wahlordnung als vielmehr bis in's Einzelnste dem städtischen Einkommen und der Verwaltung nachgeforscht, „darburch sie alle gemainer statt haimlichait erkundiget und so umbständlich mit vilen unnuzen fragen erlernet, daß auch die fl. bairischen abgesandten dessen kein gefallen tragen, so sie mit kopfschütteln zum mehrmalen zu erkennen geben." K. A. vol. III, p. 801 ff.

Bekenntniſſe unter Androhung ſtrenger Strafe zu friedlichem Verhalten
gegen einander ermahnt hatten,¹) die Stadt.

Die Martinskirche war bereits am 17. März von den Proteſtanten
geräumt;²) am 9. April führte der Rath auch den neuen Kalender ein:
keinem zu Leid oder Lieb' „noch dem Papſt zu gefallen oder auf deſſelben
erſuchung, vilweniger ſeinen bevelch, noch ihme oder jemants anderen
derhalben in der ſtatt oder über diejenigen, ſo der A. C. religion zu-
gethan ainiche ſuperioritet, hochheit noch gewalt in gewiſſensſachen einzuräumen," ſondern nur dem Kaiſer zu Ehren und behufs beſſerer
Nachbarſchaft und innerer Einigkeit „im politiſchen weſen," welches
allein dieſe Sache angehe.³)

Somit war nun in kirchlicher und bürgerlicher Hinſicht allen
Beſchwerden der Katholiken abgeholfen, und auch in politiſcher wäre
durch Erfüllung des 1602 vom Rathe gemachten Anerbietens, die vier
in den Behörden erledigten Stellen aus ihnen zu beſetzen, der Billigkeit
mehr als Genüge geſchehen, denn im Verhältniß zu ihrer Anzahl konnten ſie doch nicht mehr als höchſtens je zwei Stellen beanspruchen: Die
Kommiſſäre und die katholiſchen Bürger glaubten jedoch, wie bemerkt,
durch das Recht zu größeren Forderungen befugt zu ſein, und wie jene
aus Glaubenseifer, ſo wollten dieſe, durch die Erfolge übermüthig gemacht oder durch den Streit erbittert, vielleicht auch durch ihren Beiſtand, Dr. Scheiterberger, einen verbiſſenen Juriſten und fanatiſchen
Eiferer⁴) angetrieben, nicht darauf verzichten. Man hatte daher verabredet,
daß die Kommiſſäre mit dem Berichte an den Kaiſer warten ſollten, bis die
katholiſchen Bürger über die ehemals katholiſchen Stiftungen und Einkünfte noch nähere Erkundigungen eingezogen hätten⁵), da die beim
Verhör gewonnenen Nachrichten nicht genügend ſchienen. Der Rath erhielt
bald von den Abſichten ſeiner Gegner Nachricht und forderte die katholiſchen Bürger [am 28. Mai] auf, ſich zu erklären, ob ſie mit der Ab-

---

1) K. A. lit. B. f. 267.
2) A. a. O. f. 269. Die Proteſtanten, welche zunächſt in der Frauen- und
Spitalkirche ihren Gottesdienſt hielten, richteten noch im ſelben Jahre mit Beihilfe
verſchiedener Reichsſtände das ehemalige kaiſerliche Abſteighaus, welches die Stadt
von Maximilian II. angekauft hatte, zum Predigthauſe ein; am 2. Jan. 1605 wurde
bereits die erſte Predigt darin gehalten. Hörmann. Noch jetzt dient das unſchöne,
enge Gebäude der evang. Gemeinde als Gotteshaus.
3) K. A. vol. III, p. 547 ff.
4) So erſcheint er in den Schriften, welche er 1602 für die Katholiken verfaßte,
deren Heftigkeit die Subdelegierten ſelbſt mehrfach rügten, und in dem Berichte, den „exceptiones insufficientis paritionis", welche er 1604 Okt. für die Katholiken verfaßte.
5) Bericht der Kommiſſäre an den Kaiſer.

tretung der Martinskirche befriedigt seien, oder wirklich, wie verlaute, die Auslieferung aller geistlichen Güter und Gefälle begehrten.¹) Sie wichen der Antwort aus, schickten aber im Oktober weitläufige „exceptiones insufficientis paritionis"²) an die kaiserlichen Bevollmächtigten, worin sie eine Reihe von ehemals katholischen Kirchen, Kapellen und Stiftungen aufzählten, und schließlich baten, den Kaiser zu veranlassen, daß er, da der bloße Steinhaufe der Pfarrkirche ihnen nichts nützen könne, und sie von der Gnade der „Confessionisten" leben müßten, die Auslieferung aller Einkünfte der Pfarrkirche, die Rückgabe aller Kirchen, Kapellen u. s. w., die 1552 noch dem katholischen Gottesdienste gewidmet gewesen, sowie die Erstattung der ihnen durch die Kommission erwachsenen Unkosten befehle; von rechtswegen, fügten sie bei, gebühre sich eigentlich, daß den Protestanten überhaupt die öffentliche Uebung ihres Bekenntnisses nicht gestattet werde, da es erst nach 1555 eingeführt worden, doch stellten sie das dem Kaiser anheim; wenigstens aber müsse dieser anordnen, daß jene ihre Kirchen und Prediger auf eigene, nicht auf der Stadt und mithin auch der Katholiken Kosten unterhielten.

Diese letzten Forderungen zu stellen, hielten die Kommissäre noch nicht an der Zeit, doch riethen sie in dem Berichte,³) welchen sie gleich nach Empfang der „exceptiones" absandten, nachdem sie auf Grund ihrer Untersuchung dargestellt, wie der Haushalt der Stadt zerrüttet, die kirchlichen Gefälle erst seit vierzig Jahren in des Rathes Hände gekommen, Kirchen und Kapellen verfallen oder entweiht, die katholischen Kirchen- und Schul-Diener vermindert oder beeinträchtigt, und die Wahlordnung nicht beobachtet, ja gefälscht worden, der Kaiser möge durch ein neues Poenalmandat die Rückgabe der Frauen-, Spital- und Siechenkirche „sampt gebürender restauration," sowie „plenariam restitutionem aller leuth, haab und güettern, kürchengezir, geschirr und was derselben anhängig, alles einkommens urbar, brief und register nit allein zu S. Martinskürchen und ernannten dreien, sondern auch allen anderen usser und innerhalb der statt gelegenen Gottesheusern, capellen, sampt der cath. schuel⁴) und zweien chorschulern, auch mößnerhäussern,— — sampt allen und jeden nuzungen, so von zeit an beschehner einziehung darvon uffgehoben,⁵) mit verursochter schäden interesse und in diser commission uffgeloffener uncosten erstattung" befehlen; ferner möge er,

---

1) „Requisitionszettel" des Rathes, St. A. 308/3 f. 325.
2) St. A. 308/3 f. 327 ff.
3) 1604 Oft. 29. K. A. vol. III, p. 719 ff.
4) Die Protestanten hatten ja noch das eine der beiden Schulhäuser inne.
5) Nach den Erhebungen der Subdel. überstiegen nämlich die kirchlichen Einkünfte die Ausgaben jährlich um 1000 Gulden.

damit die Katholiken, deren Bekenntniß die Gegner gänzlich zu vernichten trachteten, nicht weiter unterdrückt und der Stadt Wohlfahrt besser bedacht werde, der Wahlordnung gemäß Rath, Gericht und Gemeinde, wo nicht gänzlich („welches doch anfenglich schwerlich, wo nicht gefärlich fallen würdet") so doch größtentheils mit Katholiken besetzen, und künftig die Wahlen stets von ihnen, den Kommissären, oder anderen katholischen Fürsten überwachen lassen; vor der Neuwahl müßten jedenfalls die jetzigen Rathsfreunde und Beamten über den Haushalt „mit ufflegung aller irer beihanden habender register, urbar und brieflicher urkunden" Rechnung ablegen.

Diese Rathschläge sind nach heutigen Anschauungen unläugbar empörend unbillig; man wird sie jedoch begreiflich finden, wenn man die Gesinnung und Verhältnisse jener Zeit im Auge behält, und beachtet, daß die Bevollmächtigten ihre Forderungen für dem Rechte völlig entsprechend hielten, und daß, wenn die protestantische Partei die allein herrschende blieb, die den Katholiken errungene Stellung trotz aller Verträge, durchaus nicht gesichert erscheinen konnte. Für die Durchführung der vorgeschlagenen Maßregeln bot der Religionsfriede, wenn man die Angabe der Kommissäre, daß die Einziehungen erst vor vierzig Jahren geschehen, als richtig annahm, und der Wortlaut der Wahlordnung genügende Handhabe, ja der Rath hatte in seiner übergroßen Zaghaftigkeit weiterem Vorgehen selbst den Weg noch geebnet, indem er in seinem Berichte über den Vollzug der kaiserlichen Befehle, welchen er am 3. Juli eingesandt,[1]) nachdem er der Ansprüche der Katholiken und seiner Anfrage an sie vom 28. Mai, worauf noch keine Antwort ertheilt sei, gedacht, erklärt hatte: sobald diese erfolge, wolle er sich „ferneren allerunterthänigsten gehorsams" gegen den Kaiser erweisen.[2])

Die von den Bevollmächtigten geforderten Befehle wurden jedoch, wie eifrig sie sich auch in den folgenden Jahren darum bemühten,[3]) nicht erlassen. Man mochte am prager Hofe das durch die drei Komissionen Errungene für genügend erachten, und scheuen, durch so gewaltsame und gehässige Maßregeln wie die vorgeschlagenen den ohnehin schon so

---

1) K. A. lit. B. f. 279 ff. Am 13. April hatte der Rath um Verlängerung der Frist für denselben, weil sie gerade in den Osterfeiertagen ablaufe und überhaupt zu kurz sei, nachgesucht, [K. A. vol. III, p. 595 ff.] worauf keine Antwort erfolgt war.

2) Auf die Verfänglichkeit dieser Zusage wies Berndorf den Rath sogleich hin. 1604 Juli 9. und 30. K. A. vol. III, p. 675 und 703.

3) St. A. 308/36 und 308/3 findet sich eine Reihe von Schreiben Herzog Maximilians an den Kaiser, den baierischen Agenten zu Prag, an den Bischof von Augsburg u. s. w. bis zum Jahre 1609, im B. A. verschiedene Mahnungen der beiden Fürsten an den Kaiser aus dem Jahre 1605—1612.

lebhaften Unwillen der protestantischen Reichsstände, deren Geldbewilligungen man je länger je mehr bedurfte,¹) zu steigern. Nach dem Reichstage von 1608 mußte dann eine solche Zurückhaltung um so mehr geboten erscheinen, und zugleich dürfte auch die donauwörther Sache, welche dem kaiserlichen Hofe so viele Verlegenheiten bereitete und Mißtrauen gegen Herzog Maximilians Absichten erweckte, von einer neuen Beauftragung desselben abgehalten haben. Mit dem Jahre 1612 scheinen die Bevollmächtigten selbst ihre Anmahnungen eingestellt zu haben:²) ließ doch die Richtung, welche Klesl der kaiserlichen Politik gab, keinen Erfolg mehr hoffen.

Wie sich in Kaufbeuren seit 1604 die Verhältnisse gestalteten, läßt sich nicht verfolgen. Es liegen nur bis zum Jahre 1608 einige Berichte des Pfarres Rudolf Zettel, eines „unruebigen pfaffen",³) der sich bei Baiern und am kaiserlichen Hofe angelegentlich um Fortsetzung der Kommission bemühte, vor,⁴) worin derselbe klagt, wie die Katholiken dadurch, daß nichts mehr für sie geschehe, kleinmüthig gemacht würden, wie sie meist sehr lau, etliche, namentlich von auswärts hereingezogene Dienstboten, die man am Besuche des Gottesdienstes hindere, solche, die in gemischter Ehe lebten, und Gefangene abgefallen seien, wie die Sonn= und katholischen Feiertage durch Arbeiten, Rathssitzungen u. s. w. entweiht, die Fasten nicht beobachtet würden, wie man keine Katholiken zu den Aemtern nehme und von den protestantischen Inhabern der reichsten keine Rechnung fordere, wie man katholische Bürger beschimpfe, ihnen die Fenster einwerfe und ihnen kein Recht angedeihen lasse, und wie man keinem Katholiken das Bürgerrecht verleihe, es dagegen verkommenen Leuten, wenn sie evangelisch würden, ertheile. In diesen Berichten dürfte manches übertrieben sein, denn das Verhältniß der katholischen Bürger zu den protestantischen und dem Rathe, unter dessen zwölf Mitgliedern drei katholisch waren, scheint wieder ein freundliches geworden zu sein.⁵) Die Hauptanlässe zu den Streitigkeiten waren ja

---

1) Daß dies der Grund sei, weshalb der Kaiser der Aufforderung der Bevollmächtigten nicht nachkomme, deutet der baier. Agent zu Prag 1606 Sept. 12. in einem Bericht an den Herzog an. St. A. 308/36 f. 155.

2) Wenigstens schließen die Akten im B. A. mit einem Schreiben an Kf. Mathias d. 14. Dez. 1612.

3) So nennt ihn Pistorius, ein Agent am prager Hofe, in einem Schreiben an den Rath 1606 Dez. 20, K. A. vol. IV, p. 167, und der Erlaß, in welchem der augsb. Gen.-Vikar ihm 1609 Jan. 1. die Pfarre zu verlassen befahl, rechtfertigt diese Bezeichnung vollständig. A. a. O. p. 691 ff.

4) St. A. 308/36 f. 153, 162; 308/3 f. 335 ff. 347; K. A. vol. III, p. 167. B. A.

5) Klagen seitens der Katholiken finden sich nicht mehr, und selbst an denen des

beseitigt, und dem Rathe mußte Mäßigung geboten erscheinen, damit nicht zu neuer Einmischung vermehrter Anlaß gegeben werde.

Die Besorgniß vor einer solchen blieb beständig rege. Man kannte die maßlosen Forderungen der Bevollmächtigten, denn man hatte von dem Berichte derselben Abschrift erhalten,¹) und durch ihre Mahnungen an den Kaiser, von welchen man stets unterrichtet wurde, durch ihre wiederholte Einsprache gegen Besetzung erledigter Aemter und Rathsstellen,²) und dadurch, daß sie 1612 Retter mit Wahrnehmung der Interessen der Katholiken beauftragten,³) wurde man immer wieder vergewissert, daß sie die Stadt nicht aus den Augen ließen und auf die Durchführung ihrer Pläne nicht verzichteten. Auch mußte man ja selbst den Kaiser an den Streit erinnern, um die Aufhebung des Verbotes der Rathswahl zu erlangen.

Bei allen Gelegenheiten flehte daher der Rath die Hülfe seiner Glaubensgenossen im Reiche an. 1605 scheint er sich an den schwäbischen Kreistag gewandt zu haben.⁴) 1606 schickte er Abgeordnete zum Tage des Städteausschusses nach Worms und bat, da der Kaiser das Gutachten der Kommissäre gebilligt und denselben befohlen haben solle, es „authoritate caesarea" auszuführen, um Rath, worauf der Ausschuß die drei Fürsten und wohl auch die drei Städte, welche man 1603 beim Reichstage, sich Kaufbeurens im Nothfalle anzunehmen, ersucht hatte, wiederum angieng, ihm gegen eine Exekutionskommission

---

Pfarrers betheiligen sie sich nicht. Zwar wird aus dem Jahre 1608 berichtet, die [drei] katholischen Rathsherren hätten beansprucht, daß ihnen allein der Vorschlag zur kath. Pfarrei zustehe, [K. A. vol. IV, p. 720] doch weigerten sich dieselben eben in diesem Jahre, eine von Zettel entworfene Beschwerdeschrift zu unterzeichnen, weil jetzt die Bürger beider Bekenntnisse in gutem Einvernehmen ständen; sie könnten mit der Abtretung der Pfarrkirche zufrieden sein; wenn man eine neue Kommission veranlasse, sei „zu besorgen, daß es ein donawerdisch werk abgeben würde, zu dem sie aber wegen irer liben mitburger und bevorab irer evang. kinder, tochtermänner und großen freundschafften nicht rathen können." Bericht Zettels. St. A. 308/3 f. 347.

1) 1605 Febr. 1 schickte sie Pistorius dem Rathe zu: er hatte den Bericht und das Untersuchungsprotokoll für fünf Thaler auf eine Nacht aus dem Hause des Referenten, sobald sie der Reichsvizekanzler diesem zugeschickt, erhalten. K. A. vol. III, p. 868.

2) 1609 März untersagten die Kommissäre die Wiederbesetzung des Spitalmeisteramtes, 1612 nach dem Tode des letzten Bürgermeisters die Ernennung eines neuen; beide Male kehrte sich der Rath nicht an ihre Einsprache. K. A. vol. IV, p. 711 ff. 733, das. lit. C. f. 60 ff.

3) K. A. lit. N. f. 69. R. erhielt den Beinamen „Mägderobler", da er sich hauptsächlich um die kath. Dienstboten, die großentheils baierische oder augsburgische Unterthanen sein mochten, anzunehmen hatte.

4) K. A. vol. IV, p. 65.

beizustehen.¹) 1607 wurde der schwäbische Kreistag beschickt und ein Fürschreiben der Stände an den Kaiser ausgebracht, worin derselbe gebeten wurde, die unmögliche Auslieferung der Gefälle u. s. w. nicht zu verlangen und die Rathswahl freizugeben. ²)

Daß mit solchen Schreiben nicht zu helfen sei, davon gab bald darauf die Besetzung Donauwörths durch die Truppen Herzog Maximilians [17. Dezember 1607] den schlagendsten Beweis. Das Schicksal dieser Stadt mußte die Besorgnisse des Rathes auf's höchste steigern, wie es die größte Bestürzung und den lebhaftesten Unwillen bei den protestantischen Reichsständen hervorrief. Unter dem Eindrucke desselben beschloß man 1608 beim Reichstage zu Regensburg im Städterathe, den Kaufbeuren durch seinen Gesandten dringend um Rath und Hilfe bat, daß man sich seiner Sache nachdrücklicher als bisher annehmen, und weil die Reichsstädte „bishero bei irer kais. mt. allein nichts erheben mögen," den angebotenen Beistand der evangelischen Fürsten anrufen müsse.³) Im Korrespondenzrathe⁴) faßte man den kaufbeurer Handel nicht minder ernst auf. Auch hier war man der Ansicht, daß mit Schreiben und Vorstellungen nichts auszurichten sei; man müsse „auf andere mittel" bedacht sein, erklärte Chur-Brandenburg, denn wenn der Reichstag sich zerschlage, würden alle Fürbitten unbeachtet bleiben; „wann man sich der betrangten nicht würde annemmen," äußerten die anhaltischen Gesandten, „so möchte man ein staub nach dem andern aufreiben und die schandmeß allenthalben wider einflicken." ⁵) Schließlich that man jedoch, wie in der donauwörther Sache und wie immer trotz all' den Betheuerungen, daß man handeln müsse, nichts weiter, als daß man ein neues Fürschreiben an den Kaiser richtete. Die Kaufbeurer, wurde in demselben ausgeführt, seien seit 1588 auf „ungleiches" Angeben etlicher wenigen katholischen Bürger durch mehrere kaiserliche Kommissionen beschwert, auch seit 1601 der Rathswahl beraubt, und trotz alles Nachgebens der Evangelischen hätten die Katholiken in ihren „exceptiones" noch Rückgabe aller Kirchen und Einkünfte, ja Nichtgestattung der freien

---

1) K. A. vol. III, p. 877, vol. IV, p. 65, 41, 109, und Rathsprot.

2) K. A. vol. IV, p. 143 u. Rathsprot.

3) Bericht der ksb. Gesandten, a. a. O. p. 469 ff.; Prot. der Berathung im Städterath, 1605 März 4, das. p. 431.

4) Die ksb. Gesandten übergaben demselben den Bericht, den man seit 1601, ihn stets vermehrend, überall eingereicht; Senkenberg, N. T. Reichs-Gesch. XXIII, 528—530 gibt davon unter den Reichstagsnachrichten einen ungenügenden Auszug.

5) Prot. der Berathung, 1608 März 14, K. A. vol. IV, p. 435 ff. Ansbach rieth, wie wegen Donauwörths an Churssachen zu schreiben, doch scheint es nicht geschehen zu sein.

Wahl, sowie, wenn die Prediger nicht auf Kosten der Protestanten allein unterhalten würden, Unterdrückung des evangelischen Gottesdienstes verlangt: „wann wir dann befinden, daß diese sach ebenmessig die religion betreffen thut, und e. k. mt. nun zu mehrmalen allerunterthänigst und gehorsamst erinnert worden, daß deren cognition nicht für e. mt. hoffrath, sondern vermög passauischen vertrags und darauf erfolgten religionsfriedens und anderer reichsconstitutionen an das lob. cammergericht gehörig; wann wir daneben auch bedenken, daß die statt allbereit sovil nachgesehen und den unnöthig clagenden burgern eingeraumbet, daß ihr keineswegs ein mehrers zugemuttet, weniger aber von ihr geleistet werden könnte;" und wenn endlich leicht zu schließen, daß in den acht Jahren gesperrter Rathswahl nicht wenig Rathsherren gestorben, so bitten die Stände augsburgischer Confession, daß der Kaiser die Minderheit zur Ruhe weise, und die Stadt über den mehr als schuldigen Gehorsam, durch welchen sich die Subdelegierten nicht nur befriedigt erklärt, sondern den sie sogar dem Kaiser zu rühmen versprochen, nicht weiter beschweren lasse und die Rathswahl freigebe.[1]

Wie vorauszusehen, hatte dies Schreiben, obwohl es scharf genug gehalten, nicht den mindesten Erfolg: wagte man am prager Hofe aus Rücksicht auf die protestantischen Stände nicht, den Vorschlägen der Bevollmächtigten zu entsprechen, so wagte man ebenso wenig, diese abzuweisen und den kaufbeurer Handel durch die Freigabe der Rathswahl ihren Wünschen zuwider zu beenden, und so zog man es denn vor, gar nichts zu thun.

Um die Mitte des nächsten Jahres kam dem Rathe auf's neue „von vertrauten orten" Nachricht, die kaiserliche Entschließung sei dem Gutachten der Kommissäre gemäß erfolgt und liege bereits zu München. Alsbald schickte er Abgeordnete nach Ulm, um Rath zu erholen, und als sich das Gerücht erhielt, bat er die Nachbarstadt, Würtemberg und Baden-Hochberg um Beistand für ihn zu ersuchen, und bei denselben anzuregen, daß seine Angelegenheit durch die Gesandten, welche die Union nach Prag geschickt hatte, befördert werde.[2] Ulm entsprach nur dem ersten Theil der Bitte;[3] die beiden Fürsten und der Churfürst von der Pfalz, mit welchem sie gerade zu Friedrichsbühl zusammen waren, faßten jedoch aus eigenem Antriebe die Sache als die Union angehend auf. Sie ersuchten Straßburg, mit den anderen [unierten] Reichsstädten in Berathung zu ziehen, was bei einer Fortsetzung der Kommission zu thun,[4] und beauftragten Fürst Christian von Anhalt nebst den anderen

---

1) A. a. O. p. 625, o. D.
2) 1609 Juli 15. u. Aug. 1, a. a. O. p. 749 u. 783 ff.
3) 1609 Aug. 3, a. a. O. p. 761. — 4) 1609 Aug. 14, a. a. O. p. 837 ff.

Gesandten der Union am prager Hofe, mit möglichstem Fleiße nachzuforschen, ob wirklich eine kaiserliche Entschließung gegen Kaufbeuren erfolgt sei, wenn es der Fall, sich Abschrift zu verschaffen und im Namen der evangelischen Stände mit allem Nachdruck auf Unterlassung der Vollstreckung zu dringen.¹) Dann regten sie bei ihren fürstlichen Mitverbündeten an, ob nicht eine Zusammenkunft zu halten, um zu berathen, was in der donauwörther und kaufbeurer Sache zu thun, da am kaiserlichen Hofe ungünstiger Bescheid zu erwarten sei, Donauwörth „in conspectu" ihrer Gesandtschaft Baiern eingeräumt werde, und man, weil es dort „den papisten ihrem wunsch nach gelungen, ebenmäßigen process mit Kaufbeuren anfangen" wolle.²) Ja es scheint, als habe man, wie man überhaupt ja damals die Möglichkeit eines Krieges mit den süddeutschen katholischen Ständen im Anschluß an die beabsichtigte Unternehmung gegen Jülich in's Auge faßte, daran gedacht, einem Versuche Baierns, Kaufbeuren wie Donauwörth zu behandeln, mit Gewalt entgegenzutreten.³) Von den Schritten der Unionsgesandten für die Stadt in Prag findet sich keine Nachricht. Bei dem Unionstage zu Schwäbisch-Hall [Januar 1610] scheint der kaufbeurer Sache, obgleich die drei ausschreibenden protestantischen Städte sie als „gemeine Beschwerde" zu

---

1) 1609 Aug. 14, a. a. O. p. 163 ff.
2) A. a. O. p. 835 ff. 1609 Aug. 16.
3) Die drei Fürsten schrieben 1609 Aug. 16. an Christian von Anhalt: er möge reiflich erwägen, ob bei der kais. Räthe „vermerktem humor" rathsam, noch länger in Prag zu bleiben. „Sonsten ist unß auch beigefallen, da ir nichts fruchtbarlichß am kais. hoffe zu hoffen, und dann — — — fast zu besorgen ist, daß Bairn mit der kaufbeurischen execution verfahren möcht', das nit undienstlich sein sollte, mit den böhmischen und schlesischen ev. ständen in etwas correspondenz uff ratification sich einzulassen, dergestalt, daß zu erhaltung dessen, was von den unirten wegen bei der k. mt. gesucht, man auch von inen uff den fall [sic] etwas zusprungs und sie hinwider von unß, den unirten, dergleichen zu gewarten, auch ein theil von dem andern wider dieselbe sich nicht gebrauchen zu lassen, versichert wurde; und könte solches also angeordnet werden, daß es nit eben in craft unser bewusten union beschehe, welches wegen denn die reichsstätt bedenken haben möchten, sondern in gestalt der nachbarschaft, welcher wegen billich einer dem andern uff alle nothfäll beizuspringen hätte, sonderlich jn sachen, da das gemeine interesse der religion halb, wie diß orths beschicht, mit underläuft." A. a O. p 831 ff. Gleichzeitig schrieb Buwinckhausen, der würtembergische Minister, an Villeroy aus Heidelberg: „Il faut bien, que je vous dise, monsieur, que je ne doubte, que pour nous divertir de pouvoir assister les princes au pais de Juliers, l'on nous donnera de la besogne par deça, car nous sommes deja advertis de bon lieu, comme l'empereur gagne plusieurs petits princes et paires [sic] du costé de Saxe, Lüneburg et aultres — — — — ; d'aultre costé Baviere arme et a eu commission de faire pareille execution sur un [sic] autre ville de Swabe, comm' il a

behandeln empfohlen hatten,¹) und sie befürworteten, nur mehr sehr
nebenbei gedacht zu sein,²) sei es, weil man inzwischen über den Un-
grund der Gerüchte von Erlaß eines neuen Auftrages unterrichtet worden,
sei es, weil man sich ihrer im Grunde nur um die Unionspläne zu
fördern angenommen hatte.³)

In der folgenden Zeit ist der kaufbeurer Handel für die Reichs-
geschichte gleich dem donauwörther bedeutungslos. Die Beschwerdeschrift, welche die Correspondierenden 1613 beim Reichstage dem Kaiser
übergaben, gedenkt seiner nur im Vorbeigehen gelegentlich der Hofprozesse,⁴) und auch bei dem darauf folgenden Unionstage zu Rothen-

---

faict sur Donawerd, et si empescher le vouldrons ou nous declarer contre
luy, que l'on croit, qu'il pourra, fortié des secours d'Italie et quelques
ecclesiastiques remuants et moins paisibles, s'attaquer a monsgr. le duc de
Newburg et nous aultres unis, le tout, afin qu'estans par deça empechez
avec luy nous ne puissions donner secours aulxd. princes en Juliers. 1609
Aug. 6/16. Paris. Bibl. Imp. Msscr. Nro. 15921 f. 255 ff.

1) Kfb. an die ausschr. Städte, 1609 Nov. 4 K. A. lit. C. f. 1.

2) Kfb. wagte aus Furcht, des Kaisers Unwillen zu erregen, nicht, den
Tag zu beschicken, [Kfb. an Ulm Dez. 31. a. a. O. f. 3] sondern ließ nur durch
Ulm ein Schreiben und einen Bericht [v. 31. Dez.] über die Sperrung der Rathswahl, in dessen Eingang kurz auf die übrigen Ereignisse seit 1588 hingewiesen wurde,
übergeben [das. f. 5 ff.]. Bereits am 4. Nov. 1609 hatte Kfb. die ausschreibenden
Städte um Rath gebeten, ob nicht die Wahl trotz des kaif. Verbotes vorzunehmen;
sie antworteten von Hall aus am 3 Febr. 1610: die Schreiben der Stadt seien den
übrigen Ständen mitgetheilt; bei der Berathschlagung habe man gefunden, daß „nach
gelegenheit aller umbstent nit rathsam, mit ersezung der vacierenden rathsstellen noch
zur zeit etwas fürzunehmen." K. A. vol. IV. p. 917 ff. Weitere Nachrichten liegen
nicht vor.

3) Darauf deutet, daß das Schreiben an Fürst Christian von Anhalt vom
16. Aug., von der kfb. Sache ausgehend, ein allgemeines Schutzbündniß mit den
Böhmen und Schlesiern, ohne jener weiter zu gedenken, in Aussicht nimmt. Auch
Buwinckhausen kommt im Verlaufe des obenerwähnten Briefes, welcher ausführt, daß
im Falle eines Krieges mit Baiern Heinrich IV., England und die Staaten den
Possedierenden beispringen müßten, nicht auf den kaufbeurer Handel zurück, sondern
bemerkt nur: „Pour nous aultres pardeça nous nous faisons fort, que ayants
tant soit peu de correspondence avec Venise — — — avec l'aide de
ceulx de Boheme et leur [sic] alliez viendrons facilement a bout de
ceulx par deça, non seulement pour les empescher de nous mal faire et
pour recouvrer Donawerd, mais aussi pour l'effect de nostre ambassade a
Prague et pour asseurer en apres Juliers etc." Ein sicheres Urtheil über die
Stellung der Unierten zur kfb. Sache, sowie über die Bedeutung dieser für den Reichstag von 1608 und die Union wird erst auf Grund der Unionsakten aus jener Zeit
zu fällen sein.

4) Lehmann: De pace rel. acta publ. et orig. I, 257. Kaufbeuren ließ sich
wieder durch Ulm vertreten.

burg scheint man sich mit ihm nicht weiter befaßt zu haben, obgleich die Stadt durch Chur-Pfalz zur Beschickung desselben eingeladen worden,[1]) und sie in der kurz zuvor durch augsburgische Pfarrvisitatoren trotz aller Einsprache vorgenommenen Untersuchung des Kirchenschatzes bei St. Martin[2]) ein sicheres Anzeichen, daß man die Rückgabe aller geistlichen Einkünfte u. s. w. wieder zu betreiben gedenke, erblickte.[3]) Aus den nächsten Jahren fehlen alle Nachrichten, erst aus dem Jahre 1618 hören wir, daß die Stadt ihren Anwalt Bonrieder zum Correspondenztage nach Heilbronn abordnete, und ihr dort gerathen wurde, die Rathswahl wieder vorzunehmen.[4])

Bis dahin hatte man dies nämlich nicht gewagt, sondern die beim Eintreffen des kaiserlichen Verbotes vom 29. Oktober 1601 unbesetzten zwei Rathsstellen offen gelassen, die übrigen Stellen und Aemter aber, wenn ihre Inhaber starben, durch Ernennung wieder besetzt.[5]) Jetzt wurde die Wahl wie früher vorgenommen, und die beiden ledigen Stellen einem Protestanten und einem Katholiken verliehen, so, daß nun die Minderheit vier Vertreter im Rathe zählte. Weder der Kaiser noch einer der Kommissäre erhob gegen die Wahl Einsprache.[6]) Der böhmische Aufruhr nahm sie völlig in Anspruch.

So schien denn der kaufbeurer Religionshandel nach dreißigjähriger Dauer seinen Abschluß erreicht zu haben. Der Billigkeit gegen die Katholiken war in überreichlichem Maße, dem Rechte, wie es im Religionsfrieden begründet, völlig Genüge gethan. Daß jedoch die Restaurationspartei, sobald sie die Macht dazu erlangte, ihre weitergehenden Forderungen durchsetzen würde, war vorauszusehen. Im Jahre 1627 kamen Bischof Heinrich und Herzog Maximilian auf den Streit zurück und führten nun, von Kaiser Ferdinand unterstützt und angetrieben, nicht nur ihre

---

1) Kaufbeuren an den Churf. v. d. Pfalz 1614 Dez. 9. K. A. lit. C. f. 60 ff. Die Stadt ließ sich auch hier durch Ulm vertreten.

2) Dieselbe scheint ohne Auftrag des Bischofs geschehen zu sein, denn dieser rügte, obgleich sich der Rath nicht entschuldigte, das schroffe Auftreten desselben gegen die Visitatoren nicht. Kaufbeuren an Ulm, a. a. O. f. 55.

3) Kaufbeuren an Württemberg und die aufschr. Städte A. C. 1614 Aug. 11, a. a. O. f. 46 ff. an den Churf. v. d. Pfalz, 1614 Dez. 9. das. f 60 ff, Gutachten Leo Krafts von Ulm. das. f. 37 ff. u 41 ff.

4) Kaufbeuren an Ulm 1619 Mai. A. a. O. f. 102 ff.

5) Kaufbeuren an den Churf. v. d. Pfalz, 1614 Dez. 9. a. a. O.

6) „Nach fürgangner wahl," schreibt der Rath 1619 im Mai an Ulm, „hat sich der st. bisch. und bai. agent mitt hin und wider lauffen etwaß unruebig erzaigt, daß wir in sorgen gestanden, er werde uns sonderlich bei ir dt. in Baiern waß widerwertigs anzetteln, daß wir uns aber nuhnmehr bei iezigen statu deß röm. reichs verhoffentlich nicht weiter zu besaren." A. a. O.

früheren Vorschläge aus, sondern unterdrückten mit rücksichtslosester Gewaltsamkeit den Protestantismus vollständig. Hierauf sowie auf die ferneren Schicksale der Stadt während des dreißigjährigen Krieges, wie bald unter schwedischer Besatzung der Katholicismus, bald unter kaiserlicher wieder der Protestantismus unterdrückt wurde, bis endlich der westfälische Friede den Zustand von 1624 herstellte,[1]) einzugehen, liegt jedoch zu fern: für die Geschichte des Reiches und selbst der Restaurationspolitik sind diese Dinge nur von untergeordneter Bedeutung.

---

1) Die Stadt fand übrigens hiermit noch keine Ruhe: zunächst hatte sie einen langen Kampf um die Entfernung der 1628 durch Bischof Heinrich eingeführten Jesuiten zu bestehen; nachdem diese durchgesetzt, wurde, bis das Jahr 1806 der Reichsstandschaft ein Ende machte, bald mehr bald minder eifrig über die kirchliche und politische Stellung der beiden Bekenntnisse prozessiert.

# Bericht über die Quellen.

Die Quellen der vorliegenden Darstellung sind: a) vier Bände des kgl. baierischen Staatsarchivs zu München, (aus deren dreien mir Herr Professor Cornelius Auszüge mittheilte;) b) elf, ohne Zweifel dem städtischen Archive entstammende Bände des Archivs der evangelischen Kirche zu Kaufbeuren, (dessen Benützung mir der zeitige Pfarrer Herr Christa mit außerordentlicher Zuvorkommenheit erleichterte;) c) an vierzig Faszikel des ehemaligen fürst= bischöflich=augsburgischen Archivs zu Dillingen, von welchen ein Pfarrer zu Kaufbeuren in den Jahren 1798 bis 1801 vidimierte Abschriften anfertigen ließ, die mir aus dem Archive der katholischen Pfarrei durch den gegenwärtigen Stadtpfarrer, Hrn. Dopfer, bereitwillig mitgetheilt wurden. Die erstgenann= ten Akten bezeichne ich mit St. A., die zweiten mit K. A., die letzten mit B. A. Sie dürften — weniges abgerechnet [1]) — alle auf den Religions= friedensstreit bezüglichen Schriftstücke, welche durch die baierische, die bischöfliche und die städtische Kanzlei giengen, enthalten. Im kgl. Reichsarchiv zu München und dem bischöflich=augsburgischen Ordinariatsarchiv, wo Herr Domkapitular Steichele meine Nachforschung mit größter Freundlichkeit unterstützte, habe ich vergebens nach Ergänzungen gesucht.

Ueber die kirchliche und innere Entwickelung in Kaufbeuren bis zu dem Religionsfriedenshandel bieten die genannten Akten nur wenig und über= haupt fließen die Quellen in dieser Hinsicht äußerst spärlich [2]). Das Archiv der katholischen Pfarrei ist durch Brand, das der Stadt vorlängst durch Nach= lässigkeit zu Grunde gegangen. Von letzteren sind allerdings noch die Raths= Protokolle vom Jahre 1543 an — doch mit Ausnahme deren von 1551 bis 1554 und von 1585 bis 1591 — übrig, sie enthalten jedoch unter einer endlosen Menge von Bemerkungen über Strafen, Käufe, Heirathen u. dgl. nur wenige Nachrichten, die für die Geschichte der Stadt von Belang sind, und bieten gerade hinsichtlich der wichtigsten Vorgänge nichts. (Der Verlust wird durch die vierbändige „Sammlung der vornehmsten Merkwürdigkeiten und Geschichten der des hl. R. Reichs freien Stadt Kaufbeuren," [Mscr.]

---

1) Empfindlich ist nur das Fehlen fast aller Berichte der baierischen Agenten zu Prag aus den Jahren 1588—1604.

2) Dies ist namentlich der Fall hinsichtlich der Entstehung der reformatorischen Bewegung, über deren Zusammenhang mit den Vorgängen in Memmingen, obgleich ein solcher und zwar ein sehr naher ohne Zweifel bestand, jede Andeutung fehlt.

einen treuen, zuverläſſigen Auszug aus Akten des evang. Kirchen=Archivs und ſonſtigen Rathspapieren nach Art .der Geſchichte Augsburgs von Paul von Stetten, den W. L. Hörmann von und zu Guttenberg 1766 ff. verfaßte, nicht erſetzt; auch ihm lag nicht mehr hinlänglicher Stoff vor und es fehlt ihm vielfach das Verſtändniß der Dinge, die er behandelt. C. J. Wagenſeil's: „Beitrag zur Geſchichte der Reformation, des dreißigjährigen Krieges, des weſtphäliſchen Friedens und der Jeſuiten vom Jahre 1524 bis zu Ende des Jahres 1699," Leipzig 1830, iſt nur ein dürftiger, nicht überall unverfälſchter Auszug aus Hörmann.) Einige weitere Beiträge boten dagegen etliche Briefe im evang. Kirchen=Archiv zu Kaufbeuren, dann die im Jahre 1744 durch das kaufbeurer Rathsmitglied J. B. Reth gemachten Auszüge aus dem Tagebuche einer Nonne im Mairhof, welche Herr Th. Schedel zu Kaufbeuren mir mitzutheilen die Güte hatte, ferner die (mir mit größter Zuvorkommenheit ſeitens der Herren Archivare und Bürgermeiſter eröffneten) Stadt=Archive zu Augsburg, zu Ulm [wo ich leider nur die Rathsprotokolle benützen konnte] und zu Memmingen, ſowie endlich G. Th. Strobel's Miszellanen literariſchen Inhalts, 3. Stück, und Pl. Braun's Geſchichte der Biſchöfe von Augsburg, Bd. III.

Die Daten aus der Zeit nach 1583 ſind, wo nicht das Gegentheil bemerkt iſt, ſtets nach dem neuen Kalender angeführt, und mit [ ] eigene, mit ( ) Einſchaltungen der Quellen bezeichnet.

### Druckfehler=Verzeichniß.

S. 31 Z. 11 v. o. lies: derogatoria.
„ 48 „ 16 v. o „ Nadler.
„ 48 „ 3 v. u. „ Köppl.
„ 59 „ 9 v. o. „ nach Vorgänger: [1417].
„ 61 „ 8 v. o. „ und der.
„ 64 Anm. 2 „ rel.
„ 65 Z. 3 v. u. „ Städte.
„ 68 Anm. 5 Z 4 „ Pf. Schenck ſtatt Pf. Zettel.
„ 89 „ 7 „ 3 „ einem Sack.
„ 95 „ 4 „ 6 „ zue ſtatt zun
„ 95 Z. 15 v o. „ evangeliſchen.